Drerup | Kontroverse Themen im Unterricht

Bildung und Unterricht

Johannes Drerup

Kontroverse Themen im Unterricht

Konstruktiv streiten lernen

Reclam

Für Julie, Frida und Verena

RECLAMS UNIVERSAL-BIBLIOTHEK Nr. 14095
2021 Philipp Reclam jun. Verlag GmbH,
Siemensstraße 32, 71254 Ditzingen
info@reclam.de
Gestaltung: Cornelia Feyll, Friedrich Forssman
Druck und Bindung: Elanders Waiblingen GmbH,
Anton-Schmidt-Straße 15, 71332 Waiblingen
Printed in Germany 2025
RECLAM, UNIVERSAL-BIBLIOTHEK und
RECLAMS UNIVERSAL-BIBLIOTHEK sind eingetragene Marken
der Philipp Reclam jun. GmbH & Co. KG, Stuttgart
ISBN 978-3-15-014095-6
reclam.de

Inhalt

Einleitung

Konstruktiv streiten zu lernen ist ein zentrales Ziel demokratischer Erziehung und Bildung. Die Diskussion kontroverser Fragen und Streitthemen gilt als demokratische Praxis par excellence und zugleich als wichtige praktische Methode, um demokratiepädagogische Leitziele wie z. B. personale Autonomie, Respekt und Toleranz zu erreichen. Indem Schülerinnen und Schüler miteinander im Unterricht über kontroverse Fragen diskutieren, lernen und erfahren sie – so die Idee und das Ideal –, was es bedeutet, in einer liberalen Demokratie zusammenzuleben, und worauf eine funktionstüchtige Demokratie angewiesen ist. Sie lernen, über die Plausibilität und Geltung von Gründen zu diskutieren, dabei fragwürdige Überzeugungen zu überprüfen und Konsensmöglichkeiten abzuschätzen, aber auch mit Dissens zu leben und sich trotz Meinungsverschiedenheiten wechselseitig als freie und gleichberechtigte Personen zu respektieren. Die pädagogische Initiation in die Praxis des demokratischen Streits soll sie dazu befähigen, sich gemeinsam auf eine sachlich angemessene, zivile und tolerante Art und Weise über Angelegenheiten von öffentlichem Interesse zu verständigen.[1]

In öffentlichen Schulen[2] stellt die Diskussion *politisch re-*

1 Die in diesem Band vertretene Position zum Umgang mit kontroversen Themen im Unterricht ist das Ergebnis einer mehrjährigen Auseinandersetzung mit dem Thema. In den Band sind Vorarbeiten eingegangen aus: Drerup (2018a; 2019a; 2020d; 2021); Drerup/Yacek (2020); Drerup/Kauppi (2021).

2 Die folgenden Überlegungen beziehen sich auf den Unterricht in öffentlichen Schulen im Kontext liberaler Demokratien mit einem

levanter Themen – also solcher Themen, die sich auf *Fragen und Probleme des Zusammenlebens in liberalen Demokratien* beziehen[3] – eine fächerübergreifende Aufgabe dar, die sich sowohl aus theoretischen als auch aus praktischen Gründen nicht nur auf den Politikunterricht oder nur auf gesellschaftswissenschaftliche Fächer (etwa Wirtschaft oder Geschichte) beschränken lässt. Diskussionen über kontroverse Fragen von politischer Bedeutung können praktisch in allen Fächern aufkommen und sind daher für alle Fächer relevant, sei es nun den Philosophie- und Ethikunterricht (Debatten über Sterbehilfe), den Biologieunterricht (Debatten über Evolution oder Sexualität), den Religionsunterricht (Debatten über Religionsfreiheit oder die Freiheit der Rede) oder den Deutschunterricht (in dem – zunächst themenungebunden – die mündliche Debatte und die schriftliche Erörterung eingeübt werden). Demokratische Erziehung und Bildung sind also Aufgaben, die sich nicht auf einzelne Fächer beschränken lassen. Hitzig geführte gesellschaftliche Debatten machen weder vor Fächergrenzen noch vor den Schultoren halt und finden auf die eine oder andere Weise ihren Weg in den Klassenraum, der kein politikfreier Raum ist.

besonderen Fokus auf den deutschsprachigen Raum; sie können zumindest in Teilen aber auch auf andere Kontexte (etwa außerschulische Bildung und die Hochschulbildung) übertragen werden, in denen momentan ähnlich gelagerte Debatten geführt werden (etwa über Meinungsfreiheit, Neutralität, Indoktrination).

3 Was als politisch relevant gilt und was nicht, kann (auch im Unterricht) selbstverständlich selbst – zumindest in Teilen – genauso kontrovers diskutiert werden wie Unterscheidungen und Zuordnungsprobleme zwischen politischen, moralischen, ethischen Fragen und Betrachtungsweisen.

Es ist daher wenig verwunderlich, dass auch Fragen des angemessenen Umgangs mit kontroversen Themen im Unterricht selbst ein umkämpfter *Gegenstand* von wissenschaftlichen und öffentlichen Kontroversen sind: Wie sollen z. B. Lehrkräfte mit konfliktbeladenen und polarisierenden Themen wie Klimawandel, Migration oder geschichtsrevisionistischen Postulaten von rechtspopulistischen Politikern im Unterricht umgehen? Wie können Schüler lernen, konstruktiv mit solchen Streitthemen umzugehen? Folgt aus der Etablierung von rechtspopulistischen Argumentationen in öffentlichen Debatten, dass diese im Unterricht gleichberechtigt mit anderen politischen Positionen diskutiert werden müssen? Dürfen Lehrerinnen und Lehrer ihre eigene politische Meinung im Unterricht offenlegen? Können oder sollen sie politisch neutral bleiben? Wie sollten sie sich zu politischen Konflikten verhalten, wo liegen die Grenzen der Meinungsfreiheit im Unterricht?

Diese Fragen verweisen auf eine Reihe von politischen und pädagogischen Herausforderungen, die in den letzten Jahren insbesondere aufgrund der Erfolge rechtspopulistischer Parteien an gesellschaftspolitischer Brisanz gewonnen haben und in der Folge zum Gegenstand einer breiten wissenschaftlichen und öffentlichen Debatte gemacht worden sind. So wird in der Öffentlichkeit z. B. vermehrt über die politische Neutralität von Lehrerinnen und Lehrern und über Indoktrinationsvorwürfe diskutiert. Es wird öffentlich Druck auf Lehrkräfte ausgeübt, denen politische Parteilichkeit vorgeworfen wird (etwa Dienstaufsichtsbeschwerden der AfD in Hamburg, die Einrichtung von Online-Portalen zur Meldung AfD-kritischer Lehrerinnen und Lehrer im Rahmen der Aktion »neutrale Schule« sowie auch die kürzlich wieder entbrannte Diskussion über Berufsverbote für Lehrer).[4] Diese Entwicklungen, die in ähnlicher Weise auch in anderen Ländern in und außerhalb Europas beobachtet werden können (z. B. Costa 2020), führen unweigerlich auch zu Spannungen zwischen den Gepflogenheiten der öffentlichen politischen Debatte, den Aufgaben von Schulen und dem professionellen Ethos mitsamt den Rationalitätsstandards, die Lehrerinnen und Lehrer bei der Wahrnehmung ihrer Aufgaben zu beachten haben. Sie haben unter den Lehrkräften zu einigen Verunsicherungen und zu Orientierungsbedarf bezüglich des Umgangs mit kontroversen Themen im Unterricht geführt.[5]

In der Debatte zu diesen Problemvorgaben geht es im Kern um die Fragen, wie begründet entschieden werden kann, welche politisch und gesellschaftlich relevanten Themen von Lehrkräften kontrovers, d. h. *mit offenem Ausgang und mit Bezugnahme auf ein Spektrum von gleichermaßen angemessenen und legitimen Sichtweisen* unterrichtet und diskutiert werden sollen, und welche nicht, und was hieraus in unterrichtspraktischer Hinsicht folgt. Diese Diskussion wird im deutschsprachigen Raum üblicherweise mit Referenz auf den sogenannten »Beutelsbacher Konsens« (in nuce: alle Themen, die in Wissenschaft und Politik kontrovers diskutiert werden, sollten auch im Unterricht kontro-

4 Hierzu z. B.: Hannah Knuth, »Dürfen Lehrer ihre Meinung sagen?«, in: *Die Zeit*, Nr. 26 vom 21. 6. 2018, S. 59; Justus Bender / Matthias Wyssuwa, »Grüße von der Bin-Laden-Baumschule«, in: *Frankfurter Allgemeine Zeitung* vom 5. 4. 2019, S. 3.

5 Etwa Carolin Wilms, »Die Lehrer und die Politik«, in: *Frankfurter Allgemeine Zeitung* vom 4. 3. 2019, S. C4.

vers diskutiert werden) und international mit Bezug auf die sog. Kontroverse über Kontroversitätsgebote[6] geführt. Im Mittelpunkt stehen Probleme der Festlegung von angemessenen *Kriterien* zur Unterscheidung von kontroversen und nicht-kontroversen politischen Themen und Antworten auf die Fragen, *ob*, *warum* und *wie* diese Themen in öffentlichen Schulen dargestellt und vermittelt werden sollten (und faktisch vermittelt werden). Vorgeschlagen wurden verschiedene Kriterien: Auf Basis eines verhaltensbezogenen Kriteriums sollen z. B. alle in Öffentlichkeit und Politik kontrovers diskutierten Themen auch im Unterricht kontrovers diskutiert werden. Verteidiger epistemischer, auf rationale Rechtfertigung von Wissen und Erkenntnis ausgerichteter Kriterien wenden dagegen ein, dass dies nur für hinreichend rational und empirisch begründete Positionen gelten dürfe.

Für die folgende Auseinandersetzung mit Kontroversen im Unterricht sind daher drei systematische Grundfragen leitend:

- *Warum* sollten kontroverse Themen im Unterricht behandelt werden?
- *Welche* Themen sollten im Unterricht kontrovers diskutiert werden und welche nicht?

6 Vgl. Warnick/Smith 2014. An internationalen Debatten über kontroverse Themen im Unterricht sind eine Vielzahl unterschiedlicher Disziplinen beteiligt, etwa aus den Fachdidaktiken, der Erziehungs- und Bildungsphilosophie und der politischen Philosophie der Erziehung und Bildung, die jeweils die relevanten Probleme mit unterschiedlichen Schwerpunktsetzungen bearbeiten, die sich keineswegs wechselseitig ausschließen, sondern sich vielmehr ergänzen können.

- *Wie* sollte mit kontroversen Themen im Unterricht pädagogisch-praktisch umgegangen werden?

Um diese Fragen beantworten zu können, werde ich zuerst die theoretischen und empirischen Grundlagen der Kontroverse über Kontroversitätsgebote darstellen und diskutieren. Sodann werde ich meine eigene Position in dieser Kontroverse vorstellen und erläutern und einen Orientierungsrahmen für den Umgang mit kontroversen Themen im Unterricht entwickeln, der zur Klärung der relevanten theoretischen Problemvorgaben beitragen und als praktische Orientierungshilfe für Lehrerinnen und Lehrer dienen soll. Für mein Plädoyer für eine vermehrte Einführung und Verwendung *dialogorientierter Formate* im Umgang mit Kontroversen nutze ich empirisch informierte Debatten über Möglichkeiten und Schwierigkeiten schulischer Demokratieerziehung in unterschiedlichen Schulsystemen. Last but not least möchte ich so dazu beitragen, dass Debatten über Kontroversen im Unterricht die öffentliche Resonanz finden, die ihrer bildungspolitischen Relevanz angemessen ist.

Zu den einzelnen Kapiteln: Der Band ist in zwei Hauptteile gegliedert, die einerseits zentrale theoretische Problemvorgaben und Leitorientierungen der Kontroverse über Kontroversitätsgebote (Kap. 1) und andererseits praktische Herausforderungen und Beispielfälle zum pädagogischen Umgang mit kontroversen Themen im Unterricht vorstellen und diskutieren (Kap. 2). In Kapitel 1 stelle ich zunächst (1.1) demokratietheoretische und -pädagogische Grundlagen und Grundbegriffe vor und rekonstruiere historische Hintergründe und zentrale Topoi der Kontroverse über Kontroversitätsgebote (u.a. zur Genese und Rezeption des Beutelsbacher Konsenses). An nationalen und internationalen Beispielen lässt sich zeigen, wie man mit kontroversen Themen in sich historisch wandelnden soziopolitischen Kontexten in Schulen umgegangen ist und was man daraus für aktuelle Debatten lernen kann. Das Kapitel 1.2 versucht zu klären, welche normativen und empirischen Gründe für die Diskussion kontroverser Themen im Unterricht sprechen, welche Erziehungsziele und Wirkungserwartungen damit verbunden werden können. In Kapitel 1.3 werden nach einer kurzen Einführung in Grundannahmen der Kontroverse über Kontroversitätsgebote drei der wichtigsten Kriterien auf den Prüfstand gestellt, die zur Unterscheidung von kontrovers und nicht kontrovers zu behandelnden Themen vorgebracht wurden. Diese Kriterien – das verhaltensbezogene Kriterium, das Kriterium der politischen Authentizität und das epistemische Kriterium – können, so die Argumentation, die ihnen zugeschriebenen Orientierungsfunktionen und Rechtfertigungsleistungen für Lehrer und Schüler nur eingeschränkt erfüllen und bedürfen daher der Revision und Ergänzung. Ausgehend von dieser kritischen Bestandsaufnahme stelle ich einen alternativen, pluralistisch gehaltenen Orientierungsrahmen vor, der ein politisches – auf zentrale liberaldemokratische Grundwerte bezogenes – und ein wissenschaftsbezogenes Kriterium miteinander koppelt. Danach diskutiere ich zwei relevante Einwände gegen diese Kriterien, die Indoktrinationsvorbehalte und den Vorwurf mangelnder Neutralität von Lehrkräften geltend machen.

Ausgehend von diesem Orientierungsrahmen beschäftigt sich Kapitel 2 mit praktischen Fragen eines legitimen und pädagogisch klugen Umgangs mit kontroversen Themen im Unterricht. Kapitel 2.1 liefert zunächst einen Überblick über konkrete Praxisformate, Methoden und Manuale einer dialogisch orientierten Demokratieerziehung und erläutert, was man aus diesen lernen kann, welche typischen Probleme und Fallstricke bei ihrer Umsetzung zu beachten sind und welche Rolle dabei der pädagogischen Urteilskraft zukommt. Ausgehend von der Forschung zu Best-Practice-Beispielen werden Leitlinien für einen gelingenden Umgang mit Kontroversen formuliert und zu vermeidende Fehlformen identifiziert. Erörtert werden Schwierigkeiten, die sich in Unterrichtsdiskussionen aus der asymmetrischen und machtförmigen Struktur pädagogischer Konstellationen für Lehrerinnen und Lehrer als epistemische und politische Autoritäten ergeben. Damit eng verbunden ist die Frage, wie Lehrerinnen und Lehrer auf eine pädagogisch angemessene Weise mit sensiblen Themen und mit intoleranten, antiliberalen und antidemokratischen Einstellungsmustern umgehen können und wo die Grenzen des Streits über politisch relevante Themen im Klassenraum zu ziehen sind. Das Kapitel wird beschlossen mit der Rekonstruktion von Problemen, mit denen dialogorientierte Praxisformate der Demokratieerziehung im deutschen und in anderen Schulsystemen konfrontiert sind (etwa mangelnde Zeit für Kontroversen, mangelnde Ausbildung der Lehrer). Es werden Vorschläge gemacht, wie diese Defizite behoben werden können, ohne damit das Schulsystem und einzelne Lehrerinnen und Lehrer mit politischen und gesellschaftlichen Erwartungen zu überfrachten und zu überfordern. In Kapitel 2.2 wird der in Kapitel 1.3 erarbeitete und im Folgekapitel auf Praxisprobleme abgestimmte Orientierungsrahmen auf drei aktuelle gesellschaftspolitische Debatten angewendet und geprüft, ob und wie diese Themen auch im Unterricht als *kontroverse* Themen behandelt werden sollten. Hierzu zählen der Klimawandel, Verschwörungstheorien sowie die Freiheit der Rede im Zusammenhang mit religiösen Einstellungen. Im Durchgang durch diese Debatten wird sich zeigen, dass in öffentlichen Schulen nicht alle politischen Fragen ›irgendwie kontrovers‹ sind und sein dürfen und dass es selbstverständlich – trotz aller zu konzedierenden Grauzonen und Grenzfälle – durchaus möglich ist, auf Kriterien gestützte Urteile zu begründen, ob solche Themen und Sichtweisen im Unterricht noch oder eben nicht mehr als kontrovers gelten können und sollen. Die domänenspezifische Anwendung der allgemeinen Kriterien für Kontroversität auf konkrete Fälle hat gleichwohl nicht zum Ziel, die diskutierten Fragen ein für alle Mal und mit Bezug auf alle denkbaren Einzelheiten advokatorisch zu klären. Sie dient vielmehr dazu, die Komplexität der Aufgaben zu verdeutlichen, mit denen sich Lehrerinnen und Lehrer in ihrem Arbeitsalltag jeden Tag aufs Neue konfrontiert sehen, und soll zur theoretischen Klärung und praktischen Bewältigung dieser Aufgaben beitragen.

1 Kontroverse Themen im Unterricht: Theoretische Problemvorgaben und Leitorientierungen

1.1 Kontroversen im Klassenzimmer: Grundlagen – Kontexte – Prinzipien

Die Bildungssysteme liberaler Demokratien sind zentrale Austragungsorte politischer Kontroversen über Fragen der demokratischen Erziehung und Bildung, ihre normativen Grundlagen, Leitorientierungen und -prinzipien und deren Legitimation. Im Folgenden werden einige der relevanten demokratietheoretischen und -pädagogischen Ausgangspunkte und Debattenkontexte vorgestellt und diskutiert, die für die Kontroverse über den Umgang mit kontroversen Themen im Unterricht relevant sind.

Demokratietheoretische und -pädagogische Grundlagen und Ausgangspunkte

Liberale Demokratien[7] – das erleben wir tagtäglich – zeichnen sich durch eine Pluralität von oftmals strittigen, mit-

7 »Demokratie«, so lässt sich als begrifflicher Ausgangspunkt festhalten, »antwortet ihrem Begriffe nach auf den Zwang zu kollektivem Handeln unter den Bedingungen von Uneinigkeit mit den Kriterien der gleichen Beteiligung bei der Suche nach der Abgeltung der Interessen, der öffentlichen Prüfung der Wohlbegründetheit und internen Kohärenz der Argumente, der Umsetzbarkeit der kollektiv verbindlichen Entscheidungen, sowie mit der vorher festgelegten periodischen Revision der Entscheidungen durch Wahlen. In ihren

einander unvereinbaren politischen, religiösen, moralischen und ethischen Positionen und Konzeptionen des Guten aus. Das Faktum des Pluralismus und der Unvermeidbarkeit des politischen Dissenses grundsätzlich zu akzeptieren – wenn auch nicht unbedingt wertzuschätzen (Balint 2017) – und der Anspruch, sich trotz Meinungsverschiedenheiten wechselseitig als freie und gleiche Adressaten und Autoren von politischen Geltungs- und Rechtfertigungsansprüchen anzuerkennen, können heute als grundlegende Voraussetzung und als Leitvorgabe von Demokratieerziehung und demokratischer Bildung gelten (Reichenbach 2000).[8] Strittig ist jedoch, wie die Ziele von

ersten Prinzipien und Idealen aber ist Demokratie immer auch ein unabgeschlossenes moralisches Projekt, das in Spannung zu seinen tatsächlichen Errungenschaften steht« (Cheneval 2015, S. 13). Zugleich gilt, dass es ohne »politische Grundrechte keine Demokratie, und ohne Demokratie keine Möglichkeit [gibt], auf faire Weise über die Ausgestaltung von Rechten zu streiten« (Müller 2019, S. 148).

8 Diese Sichtweise und die Hochschätzung sachorientierter Diskussion als unverzichtbarer Kulturtechnik in pluralistischen Gesellschaften hat sich in der Nachkriegszeit in der BRD nur langsam entwickeln und ansatzweise durchsetzen können. »Vom Gespräch unter Gleichgesinnten zur öffentlichen Diskussion zwischen den politisch-weltanschaulichen Lagern überzugehen und dabei andere Positionen als gleichberechtigt anzuerkennen und Kontroversen auszuhalten, war in der Gründerzeit der Bundesrepublik noch keineswegs selbstverständlich« (Schildt 2020, S. 219). Die pädagogische Vermittlung von politisch ambitionierten Diskussionspraktiken, wie sie bereits im Rahmen der Reeducation zum Abbau autoritärer Orientierungen und zum Aufbau einer demokratischen Kommunikationskultur vorgeschlagen und erprobt wurden, setzte zur Bewältigung der Folgen der diktatorischen NS-Gesellschaft auf eine »diskutierende Gesellschaft« als Leitvorstellung (ebd., S. 218;

Demokratieerziehung und demokratischer Bildung konkret zu bestimmen sind, welche Fähigkeiten, Gewohnheiten, Charaktereigenschaften, Wertorientierungen, Tugenden etc. uns als Staats- und Weltbürger auszeichnen, wie diese durch pädagogische Arrangements und Praktiken gefördert werden können und wie dies jeweils normativ zu rechtfertigen und empirisch zu plausibilisieren ist. Fragen hierzu werden im Rahmen von konkurrierenden Liberalismus- und Demokratiekonzeptionen unterschiedlich gestellt und beantwortet.[9] Diese Pluralität des Umgangs mit gesellschaftlichem Pluralismus ist Ausgangspunkt und Gegenstand der pädagogischen Kontroverse über den Umgang mit Kontroversen im Unterricht. Kontroversität als Faktum impliziert jedoch – das sei hier bereits festgehalten – keineswegs Beliebigkeit oder als Rückzugsoption die Annahme, dass alle Konzeptionen in gleicher Weise plausibel und begründbar sind.

Demokratie*erziehung* wird in diesem Zusammenhang grosso modo verstanden als die in asymmetrischen Konstellationen (u. a. der Lehrer-Schüler-Beziehung) geregelte und in Auseinandersetzung mit politisch relevanten Sachverhalten vermittelte Initiation in grundlegende Werte, Normen und Praktiken, die für das gelingende politische Zusammenleben in liberalen Demokratien notwendig und förderlich sind. Als Medium der politisch-pädagogischen

vgl. auch: Verheyen 2010). Zu den möglichen Gründen für die aktuelle Konjunktur metakommunikativer Interpretationsangebote und Zeitdiagnosen zu den Themen ›Streit‹, ›Dialog‹ etc. vgl.: Pörksen / Schulz von Thun 2020.

9 Etwa in liberal-perfektionistischen oder politisch liberalen Konzeptionen; ich komme darauf zurück.

Aufklärung ist sie weder festgelegt auf eine Aufrechterhaltung des Status quo, noch inkompatibel mit der Kritik an bestehenden Ordnungen, zumindest sofern diese nicht auf eine Abschaffung demokratisch-liberaler Grundordnungen und -werte hinausläuft. Erziehung in und für liberale Demokratie ist vielmehr ausgerichtet auf die Etablierung einer demokratischen pädagogischen Streitkultur als »einer Kultur offenen Denkens und (Wider-)Sprechens« (Frick 2017, S. 57), in der sich die Kontrahenten nicht als Feinde, sondern als Gegner betrachten und behandeln (Levitsky/Ziblatt 2018), die trotz Dissens in der Sache auf eine zivile und tolerante Weise miteinander umgehen und sich als Personen mit gleichen Rechten und Freiheiten respektieren. Zu ihren zentralen Zielen zählen neben der Akzeptanz der grundlegenden Freiheits- und Menschenrechte und der Grundprinzipien liberaler Demokratien (etwa Gewaltenteilung und Pluralismus) vor allem personale und politische Autonomie. Letztere steht für die Bereitschaft und Fähigkeit, die eigene Lebensführung und die eigenen Überzeugungen reflexiv zu begründen und in Diskussionen über politisch relevante Fragen Stellung zu beziehen. Demokratieerziehung verpflichtet zudem zur Solidarität im Umgang mit der Autonomie anderer Menschen und im Kampf gegen Einschränkungen dieser Autonomie durch ungerechtfertigte Macht- und Herrschaftsverhältnisse[10].

Demokratische *Bildung* als Form der Grund- und Persön-

10 Was konkret darunter zu verstehen ist, in diesem Sinne die Nöte, Interessen und Perspektiven anderer zu berücksichtigen, darf nicht advokatorisch vorgegeben werden, sondern ist selbst als Gegenstand der Kontroverse zu behandeln, wobei zugleich grundsätzlich zu akzeptieren ist, dass in demokratischen Auseinander-

lichkeitsbildung ist – so wie sie im Folgenden verstanden werden soll – konstitutiv orientiert[11] an den oben genannten Zielen von Demokratieerziehung, deren Voraussetzungen es im Rahmen von öffentlichen Schulen zu realisieren gilt. Als *Grundbildung* zielt sie damit auf die Generalisierung von »grundlegenden kognitiven und normativen, instrumentellen und reflexiven Prämissen der Kommunikation«, so dass »über die Befähigung aller zur Teilhabe an der jeweiligen Gesellschaft [...] die Handlungsmöglichkeiten der Individuen und die Funktionsfähigkeit der Gesellschaft zeitlich, sachlich und sozial gesichert werden« (Tenorth 2020, S. 481). Personale und politische Autonomie bedarf demokratischer Grundbildung,[12] sie ist daher angewiesen[13] auf

setzungen und Argumentationen immer auch Verluste und Niederlagen zu verbuchen und auszuhalten sind (Allen 2004).

11 Dies ist als *normative* und nicht als begriffliche These zu verstehen. Der Terminus »demokratisch«, der enger gefasst ist als der Begriff der »politischen Bildung«, wird hier genutzt, um diese konstitutive normative Orientierung an demokratischen Grundwerten kenntlich zu machen. Dass sich Bildung und die Orientierung an demokratischen Grundwerten *faktisch* nicht notwendig wechselseitig bedingen, zeigt nicht zuletzt die deutsche Geschichte. Zur komplexen Frage, wie Bildung und Demokratie empirisch – national und global – zusammenhängen vgl. Brumlik (2018).

12 Bei dieser Zielformulierung ist zu berücksichtigen, dass das Verhältnis von Autonomie (oder Mündigkeit) in einer Demokratie auch Widersprüche birgt: »Ohne Bildung und Wissen ist sie nicht denkbar, sie darf aber umgekehrt aus Gründen der Gleichheit auch nicht an bestimmte Grade von Bildung und Wissen gebunden werden und muss zudem die Pluralität differenter Deutungsmuster, Weltanschauungen und Lebensformen berücksichtigen« (Caruso/Schatz 2018, S. 5).

13 Vgl. Brighouse 2006, S. 23 f. und Reichenbach 2020a, S. 210.

1. hinreichend breites Wissen über die politische Welt und darüber, wie dieses Wissen zu erlangen und zu bewerten ist (u. a. Wissen über politische Institutionen und ihre Funktionen, politische Traditionen, Ideale, Ideen und Utopien),
2. Wissen und Fähigkeiten zum angemessenen Umgang mit unterschiedlichen Formen von Argumenten und damit verbundenen Geltungsansprüchen,
3. Reflexions- und Orientierungswissen über verschiedene Konzeptionen des Guten, ihre Unterschiede und Begründung und
4. Wissen über konkrete politische Auseinandersetzungen über Politik, politische Konzepte und Konzeptionen (z. B. von ›Demokratie‹) und über unterschiedliche Arten und Weisen, wie mit Konflikten und Dissens in politisch relevanten Fragen umgegangen wurde und wird.[14]

Als *Persönlichkeitsbildung* beruht sie auf der Förderung epistemischer und kommunikativer Tugenden, die in öffentlichen Schulen in Auseinandersetzung mit kanonisierten Lerninhalten und im Medium der Wissenschaftsorientierung erfolgen muss (vgl. Kap. 1.3 und 2.1). Hierzu zählen neben der Fähigkeit und Bereitschaft, die eigenen Auffassungen rational zu artikulieren, diskursiv zu begründen und in Auseinandersetzung mit Gegenargumenten zu prüfen und gegebenenfalls zu revidieren, vor allem Genauigkeit, Objektivität, Unparteilichkeit und Wahrhaftigkeit. Diese epistemischen Tugenden haben durch ihre »Bedeu-

14 Zur mittlerweile recht umfänglichen kompetenztheoretischen Debatte in der politischen Bildung vgl. Frech/Richter 2013.

tung für die Qualität unserer Urteile [...] mittelbar ethische« und auch politische Relevanz (Reichenbach 2017, S. 196). Dies gilt auch deshalb, weil diese Tugenden epistemischen Lastern (wie etwa Dogmatismus, Autoritarismus und der Bereitschaft, unkritisch fragwürdige Stereotype und Vorurteile zu übernehmen) entgegenwirken, die in der Regel mit politischer Intoleranz einhergehen (Drerup 2019b). Die mit diesen kommunikativen und epistemischen Tugenden verbundene Verständigungsorientierung setzt voraus, dass die Legitimität von Kontroversen über politisch relevante Fragen grundsätzlich akzeptiert wird, und vertraut auf den »zwanglose[n] Zwang des besseren, weil einleuchtenderen Arguments« (Habermas 2009, S. 144). Dies ist nicht zu trennen von einer gewissen Ambiguitätstoleranz (Bauer 2018) im Umgang mit gesellschaftlicher Pluralität und der Kultivierung eines Gemein- und Realitätssinns (Drerup 2018c), auch und gerade dann, wenn man sich inhaltlich mit Bezug auf politisch relevante Themen nicht einigen kann.[15]

Die Erfahrung, dass Konflikte und Dissens auch dann Bestandteile demokratischer Auseinandersetzungen sind und bleiben, wenn man grundsätzlich einen Konsens anstrebt, ist auch Ausgangspunkt deliberativer, d. h. auf öffentlichen Beratungs- und Entscheidungsprozessen gründender Demokratietheorien, die in unterschiedlichen Vari-

15 Dissenstauglichkeit muss sich dann keineswegs in Form von »Nachgiebigkeit, Kompromissbereitschaft oder dem Streben nach Harmonie« äußern, sondern kann durchaus auch »in der Leidenschaft für den Dissens, in der hartnäckigen Weigerung, sich auf alles einzulassen, was der kritischen Prüfung nicht standhält oder entzogen wird«, zum Ausdruck kommen (Günther 2009, S. 305).

anten den Referenzrahmen für dialogisch orientierte Konzeptionen der Demokratieerziehung und -bildung liefern (etwa: Gutmann/Thompson 1996; Gutmann 1999; Lafont 2020). Die Grundidee deliberativer Demokratietheorie wird von Gutmann und Thompson wie folgt zusammengefasst: »Wir definieren deliberative Demokratie als eine Regierungsform, in der freie und gleichberechtigte Bürger (und ihre Repräsentanten) Entscheidungen in einem Prozess auf Basis von Gründen rechtfertigen, die wechselseitig akzeptabel und allgemein zugänglich sind, mit dem Ziel, zu Schlussfolgerungen zu gelangen, die in der Gegenwart für alle Bürger verbindlich sind, es aber in Zukunft nicht bleiben müssen«.[16]

Leitend ist dabei die Annahme eines wechselseitigen Stützungs- und Rechtfertigungszusammenhangs zwischen den Institutionen liberaler Demokratien, einer kritischen und nicht bloß rezeptiven Öffentlichkeit (Habermas 1990) und einer hierauf abgestimmten, durch das öffentliche Bildungssystem sicherzustellenden Demokratieerziehung und -bildung. Sie soll künftige Bürger befähigen, informiert zu öffentlichen Kontroversen Stellung zu beziehen und so an kollektiven Prozessen der demokratischen Willensbildung und Selbstbestimmung teilzunehmen (Drerup

16 »We define deliberative democracy as a form of government in which free and equal citizens (and their representatives) justify decisions in a process in which they give another reasons that are mutually acceptable and generally accessible, with the aim of reaching conclusions that are binding in the present on all citizens but open in the future« (Gutmann/Thompson 1996, S. 7; Übers.: J. D.). Zentrale Referenzautoren sind darüber hinaus Dewey, Habermas u. a.

2020a). Demokratische Legitimität ist aus dieser Sicht darauf angewiesen, dass die relevanten politischen Entscheidungen und Verfahren offen für Formen der kollektiven Deliberation[17] sind, die alle von den Entscheidungen Betroffenen gleichberechtigt einbeziehen.[18]

17 In diesem Kontext wird dann in der Regel zwischen Deliberation und Diskussion unterschieden. Der spezifische Unterschied zwischen Diskussion und Deliberation wird manchmal so verstanden, dass erstere ein soziales Vorgehen darstellt, das von der Artikulation unterschiedlicher Sichtweisen ausgeht und auf die Hervorbringung eines gemeinsamen *Verständnisses* der relevanten Ideen abzielt. Letztere stellt eine spezifischere Form der Diskussion dar, die sich auf geteilte praktische Probleme bezieht, die eine kollektiv bindende *Entscheidung* verlangen (Hess/McAvoy 2015, S. 5 mit Bezug auf Parker 2003). Ich folge dieser analytischen Unterscheidung im Folgenden nicht, sondern spreche allgemein von Kontroversen, Diskussionen und Debatten über politisch relevante Fragen, welche als inklusivere Begriffe beide Kommunikationsmodi unter sich fassen.

18 Um als legitim zu gelten, sollen diese Deliberationsprozesse zudem so gestaltet werden, dass sie sich an Gründen und Prinzipien orientieren, die wechselseitig rechtfertigbar sind. Je nach Rechtfertigungskonzeption und damit verbundenen Normen des öffentlichen Vernunftgebrauchs gehen damit unterschiedlich anspruchsvolle Begründungserfordernisse einher, die als Vorgaben für den konstruktiven Umgang mit Kontroversität selbst kontrovers diskutiert werden. Auch die spezifischen Anforderungen an die mit deliberativer Politik und Pädagogik verbundenen Begründungs- und Rechtfertigungsprozesse, die Kriterien und Bewertungsstandards für die Qualität und Legitimität kommunikativer Interaktion und genuiner Formen der Deliberation (im Unterschied zu anderen Formen der Diskussion; z. B. Englund 2006), ihre pädagogischen und politischen Funktionen, Ziele und Leitorientierungen (z. B. eher konsensorientiert oder eher orientiert

Solche Formen der gemeinsamen Deliberation sind als Kern von Politik anzusehen und sollten – so die entsprechende Leitidee deliberativer Demokratiepädagogik – nicht nur in Schulen bei der Diskussion kontroverser Themen, sondern auch in anderen Lebensbereichen etabliert werden (für verhandlungs- und kompromissorientierte Familienerziehung, für eine Demokratisierung der Arbeitswelt). In Anlehnung an Samuelsson lassen sich zwei allgemein gehaltene Kernmerkmale bestimmen, die deliberative Diskussionsideale auszeichnen:

1. Es geht um Diskussionen, in denen unterschiedliche Sichtweisen präsentiert und begründet werden und in denen die Teilnehmer einander respektvoll zuhören und gemeinsam über die vorgebrachten Argumente und Behauptungen nachdenken.
2. Es geht in den anvisierten Diskussionen um kollektive Prozesse der kommunikativen Willensformierung, d. h. um Versuche einer Einigung über das, was zu tun ist (2016, S. 2), bzw. – so lässt sich ergänzen – darum, sich darüber zu einigen, worüber man sich nicht einigen kann, und damit auf mehr oder weniger konstruktive Weise umzugehen und zu leben.

Auch wenn daher sehr unterschiedliche kommunikative Praktiken, Arrangements und Methoden unter den Termini »Diskussion«, »Deliberation«, »Diskurs« oder »Dialog«

am Umgang mit Dissens; Landemore/Page 2015) sowie deren praktische Umsetzung in pädagogischen Situationen sind daher selbst in Teilen umstritten.

subsumiert werden können (z. B. eher ›offene‹ Formate oder solche, in denen Debatten stärker pädagogisch direktiv vorstrukturiert und gelenkt werden), gibt es dennoch einen weitgehenden Konsens unter Vertretern deliberativer Demokratiepädagogik, dass die Initiation in diskursive Praktiken eine der wichtigsten Möglichkeiten darstellt, um für und in Demokratien zu erziehen und mit den vielen Konflikten des demokratischen Zusammenlebens umgehen zu lernen. Die damit verbundenen Erziehungs- und Bildungsziele sind, so die weithin geteilte Annahme, jedoch nur realisierbar, wenn sich Schüler *praktisch* als Teilnehmer in demokratisch gestalteten Unterrichtsdiskussionen engagieren.

Bei der praktischen Umsetzung dieser demokratiepädagogischen Leitideale ist zu berücksichtigen, dass Schüler aufgrund der Schulpflicht in der Regel nicht ganz freiwillig in der Schule sitzen und sich Diskussionen im Klassenraum nicht ohne weiteres entziehen können. Pädagogische Konstellationen repräsentieren auch in idealiter egalitär konzipierten demokratischen Klassenzimmern nun einmal immer auch asymmetrische Beziehungsstrukturen, in denen die Fähigkeit, die eigenen Interessen zu artikulieren, zu begründen und diskursiv durchzusetzen, meist ungleich verteilt ist, sowohl zwischen Lehrkräften und Schülern als auch unter den Schülern selbst. Das Postulat der politischen Gleichheit von Diskussionsteilnehmern bedeutet daher nicht, dass die Teilnehmer tatsächlich die gleichen Chancen zur Teilnahme haben. Auch in Unterrichtsdiskussionen können sich gruppendynamische Faktoren (Konformitätsdruck etc.) und auf gesellschaftliche Ungleichheiten zurückgehende Herkunftseffekte bemerkbar machen

(Hess/McAvoy 2015), die sich in und durch Diskussionen verstärken können (etwa durch die schulische Privilegierung von Gesprächs- und Sprachnormen, denen nicht alle Schüler in gleicher Weise genügen können; Merry 2020).[19] Insbesondere wenn es um polarisierende Themen geht, ist zudem zu berücksichtigen, dass Diskussionen über politisch relevante Themen häufig alles andere als rational geordnet und verständigungsorientiert ablaufen. Das verwundert nicht angesichts der Auswirkungen emotional aufgeladener politischer Diskussionen innerhalb und außerhalb von Schulen (Drerup 2020b) und der immer gegebenen Möglichkeit von diskursiven Verständigungsschwierigkeiten und Missverständnissen (Reichenbach 2020b). Last but not least muss beachtet werden, dass pädagogische Kommunikationsformen stets von Macht- und Herrschaftsordnungen (welcher Form auch immer) geprägt sind.

Eher rationalistisch, elitär, exklusiv und machtblind angelegte Diskursideale kann und soll man kritisieren. Die Fallhöhe zwischen Ideal und Realität spricht jedoch nicht per se gegen die von deliberativen Demokratietheorien propagierten Leitvorgaben, gerade weil sie immer schon faktisch vorausgesetzt werden, wenn Fehlentwicklungen der Öffentlichkeit und der öffentlichen Kommunikation kritisiert werden (z. B. die Verbreitung von *fake news*; Drerup 2020a). Machtfragen sind natürlich von hoher Relevanz, weshalb man mit diesen auch auf eine professions-

19 Darüber hinaus scheinen in einigen soziopolitischen Kontexten (z. B. USA) auch die schulischen Lerngelegenheiten, die mit der Praxis des Diskutierens kontroverser Themen im Unterricht verbunden sind, ungleich verteilt und abhängig vom sozioökonomischen Status der Schüler zu sein (Pace 2021).

ethisch angemessene Art umzugehen hat. Es geht aber in pädagogischen Kontexten nicht nur um die Durchsetzung von Machtordnungen, sondern auch darum, diese gegenüber den Adressaten auf eine akzeptable Art und Weise zu rechtfertigen. Dies setzt voraus, dass man sich auf entsprechende Begründungsfragen überhaupt einlässt, um entscheiden zu können, welcher Umgang mit kontroversen Fragen denn in einem gegebenen Kontext legitim wäre und welcher nicht. Abgesehen davon, dass es dann durchaus begründbar ist, unvernünftige Positionen auszuschließen, müssen sich machttheoretische Kritiker die Rückfrage gefallen lassen, ob sie mit ihren Positionen – etwa radikaler Rationalitätsskepsis oder der Annahme, normative Geltungsansprüche seien immer irgendwie Ausdruck von asymmetrischen Machtbeziehungen – nicht selbst genau solche antiaufklärerischen Bewegungen stärken, denen sich deliberative Demokratiepädagogik aus guten Gründen entgegenstellt (Martin 2016, S. 689). Auch der Vorwurf, diese Leitideen seien zu voraussetzungsreich und nicht umsetzbar, übersieht, dass die Ideale deliberativer Demokratietheoretiker bei aller Skepsis gegenüber überzogenen Wirkungserwartungen selbst auch als längerfristig angelegte politisch-pädagogische Demokratisierungsprogrammatiken verstanden werden können, die die Voraussetzungen ihrer eigenen Möglichkeit – über kollektive Lern-, Bildungs- und eben auch Diskussionsprozesse – selbst hervorbringen sollen (Samuelsson 2016).

Die folgende Auseinandersetzung mit der Kontroverse über Kontroversitätsgebote folgt deshalb der deliberativen Demokratiepädagogik in der – auch in anderen Traditionen verankerten (Honneth 2020) – Annahme, dass Unterrichtsdiskussionen (demokratie-)pädagogisch relevant sind und dass liberale Demokratien angewiesen sind auf ein Zusammenwirken von Demokratieerziehung, kritischer Öffentlichkeit und funktionstüchtigen Institutionen. Deliberative Demokratiepädagogik muss sich jedoch nicht überwiegend formal-prozedurale rechtfertigungstheoretische Vorgaben zu eigen machen und damit auf die ethische Bewertung von Lebens- und Erziehungsformen verzichten (z. B. Culp 2019; zur Kritik: Drerup 2020c). Sie kann m. E. von einem liberalen Perfektionismus[20] ausgehen. Aus dessen Sicht sind personale und nicht nur politische Autono-

20 Liberale Perfektionisten vertreten in Abgrenzung von politisch liberalen (Nussbaum 2011; Giesinger 2019) und radikaldemokratischen (Westphal 2018) Positionen einen umfassenden Liberalismus (*comprehensive liberalism*). Eine solche Form des Liberalismus z. B. in der Tradition von Kant und Mill verbindet eine liberale Orientierung in der politischen Philosophie mit einer normativ gehaltvollen Konzeption dessen, was im Leben wichtig ist für Menschen und ihren Platz in der Welt (Waldron 2004, S. 91). Vertreter politisch liberaler Konzeptionen in der Tradition von Rawls beanspruchen dagegen, ihre Positionen von solchen umfassenden und in der Regel kontroversen Doktrinen unabhängig rechtfertigen zu können. Damit stehen unterschiedliche Formen des Umgangs mit Diversität und Kontroversität zur Debatte, die mit unterschiedlichen Konzeptionen von Rechtfertigung, Neutralität und Toleranz operieren. Grundsätzlich gilt, insbesondere für pädagogische Debatten, dass es ungleich viel leichter ist, perfektionistische Vorgaben zu kritisieren, als auf sie zu verzichten. Die Abgrenzung von radikaldemokratischen Ansätzen betrifft, grob gesprochen, vor allem Fragen nach der Rationalisierbarkeit und der Bewertbarkeit politischer Streitkultur, nach der Möglichkeit der Legitimation politischer Grundwerte und darauf abgestimmter pädagogischer Ordnungen und damit verbundene Probleme

mie *konstitutive* Leitorientierungen von Erziehung und Bildung in liberalen Demokratien, die als wichtige Voraussetzungen eines guten persönlichen und politischen Lebens auch durch das öffentliche Schulsystem gefördert und durchgesetzt werden sollten (Drerup 2018b). Das bedeutet zum Beispiel, dass diese Werte auch dann durch das öffentliche Bildungssystem zur Geltung gebracht werden sollten, wenn dies nicht konform geht mit den Überzeugungen von manchen Eltern oder Gemeinschaften, die verhindern wollen, dass Kinder mit traditionsfremden Werten konfrontiert werden. Dies ist auch aufgrund starker inhaltlicher Überlappungen der relevanten Erziehungs- und Bildungsziele durchaus kompatibel mit einer deliberativ-demokratischen Rechtfertigung. Sie setzt dieser jedoch Grenzen, die dadurch begründet sind, dass sich ein angemessener Umgang mit kontroversen Themen nicht nur an politischen Rechtfertigungsvorgaben auszurichten hat (von denen dann pädagogische Desiderate abgeleitet werden), sondern auch pädagogisch und ethisch relevante und epistemisch bedeutsame Gesichtspunkte berücksichtigen sollte, die nur eingeschränkt ›politisiert‹ und zur Disposition gestellt werden sollten. Personale Autonomie und in ähnlicher Weise auch grundlegende Formen der Wissenschaftsorientierung sollten daher auch dann zentrale Leitideen des öffentlichen Schulsystems bleiben, wenn dies für viele Eltern und Gemeinschaften z. B. aus religiösen oder anderen Gründen nicht akzeptabel ist oder wenn sich die Mehrheitsverhältnisse ändern und Politiker an die Macht kommen, die wis-

des Umgangs mit Kontingenz und Exklusion an den Grenzen dieser Ordnung.

senschaftlich begründete Tatsachen ignorieren. Die damit verbundene Rechtfertigungsordnung einer demokratischen Erziehung verengt damit zwar den Raum des Rechtfertigbaren, bleibt aber zugleich aufgrund der relativ offenen Formulierung der Leitziele durchaus anschlussfähig für andere demokratietheoretische Positionen, die sich bei unterschiedlichen Akzentsetzungen wechselseitig ergänzen können (Reichenbach 2020a). Nicht nur in demokratietheoretischen, sondern auch in demokratiepraktischen pädagogischen Angelegenheiten führen, so die Annahme, trotz aller Differenzen viele, wenn auch nicht alle Wege nach Rom.

Kontexte der Kontroverse – Kontroversen im Kontext

Die Kontroverse über Kontroversitätsgebote lässt sich auf unterschiedliche Ebenen beziehen, die das (öffentliche) Schulsystem und die spezifischen soziopolitischen Kontexte der jeweiligen Schule betreffen:

- die Ebene des Lehrplans und des Curriculums (was wird in einer bestimmten Zeit thematisiert und was nicht; was gilt als kontrovers, was nicht etc.),
- die Ebene der Schulbücher und Unterrichtsmaterialien (wie werden Themen und Fragen in Schulbüchern etc. zu unterschiedlichen Zeiten und in unterschiedlichen Kontexten dargestellt oder aber ausgeblendet),
- die Ebene der Gestaltung der Lernumgebung und der konkreten Unterrichtsinteraktion durch pädagogische Arrangements (wie wird über entsprechende Probleme im Unterricht diskutiert oder nicht diskutiert).

Die Frage, ob und wie bestimmte Themen im Unterricht diskutiert werden, hängt entsprechend von einer Reihe von Faktoren ab, zu denen nicht nur die relevanten Einstellungen und Wissensbestände von Lehrern gehören oder die Zusammensetzung der Schülerschaft (z. B. sozioökonomisch oder politisch eher heterogen oder homogen; Alter, Vorwissen und Interessen; individuelle Sensibilitäten und Verletzbarkeiten), sondern auch formelle oder informelle ethische, rechtliche und politische Vorgaben und Regularien (Schul- und Beamtenrecht, Schulklima etc.) und Gegebenheiten des gesellschaftspolitischen Umfeldes (etwa: polarisierte politische Debatten in digitalen Öffentlichkeiten; Medienberichterstattung; politischer Druck von Seiten der Eltern; historisch wandelbare, kulturspezifische Unterschiede der Diskussionskultur im Umgang mit politischen Konflikten).

Was in schulischen Kontexten zu unterschiedlichen Zeiten und in unterschiedlichen Konstellationen als kontrovers gilt und was nicht bzw. was Anlass für Kontroversen liefert und was nicht, ist auch von gesellschaftlichen Wandlungsprozessen, politischen Machtkämpfen und kulturell tradierten Gepflogenheiten und kanonisierten Festlegungen abhängig (Tenorth 1994; Zimmermann/Robertson 2017; Wilson 2020). Die Prozesse der Auswahl und Legitimation bei der curricularen und didaktischen Aufbereitung von Kontroversen sind damit immer schon eingebettet in Kämpfe um soziopolitische Vormachtstellung und Deutungshoheit. Der Umgang mit Kontroversen findet auf unterschiedlichen Ebenen und nach unterschiedlichen Regeln statt, was zwar gegen die simple Annahme einer linearen Übersetzung vom gesellschaftlichen Diskurs in die Unterrichtsdiskussion spricht, aber auch nicht zu überzogenen Autonomieannahmen (der Schule, des Lehrers etc.) Anlass geben sollte. Wie aber die Verhältnisse zwischen den genannten Ebenen reguliert werden sollen und was dann jeweils als kontrovers zu gelten hat, ist seit den Anfängen »des öffentlichen Erziehungssystems in den demokratischen Verfassungsstaaten« im 19. Jahrhundert Gegenstand »einer ununterbrochene[n] Kette von Konflikten um die Untergliederung, die Form und den Gehalt des schulischen Unterrichts gewesen; von den erbittert geführten Auseinandersetzungen, die entweder zwischen den Interessenvertretern sozialer Klassen oder einer organisierten Elternschaft und den staatlichen Behörden geführt wurden, bleiben weder die Schichtung des Schulsystems noch die Lehrmethoden oder das Curriculum unberührt« (Honneth 2020, S. 187). Kontroversen über den angemessenen Umgang mit Kontroversen im Schulsystem werden so häufig auch im Rahmen von Debatten über grundlegende bildungspolitische Fragen ausgetragen – etwa über die Schulpflicht (Tenorth 2019) oder über Sonderregelungen für Kinder von Eltern, die z. B. aus religiösen Gründen nicht wollen, dass diese mit bestimmten Inhalten und Kontroversen konfrontiert werden wie etwa der Sexualerziehung (Wilson 2020).

Die Anlässe und Gegenstände von Kontroversen ändern sich mit sich wandelnden gesellschaftlichen Konstellationen und Konflikten. Was einst als kontrovers galt, ist es heute nicht mehr, und was heute kontrovers diskutiert wird, wurde früher oft gar nicht erst thematisiert. In manchen Fällen, aufgrund etwa von sich schnell vollziehendem Normwandel und gesellschaftlichen Krisen (Levinson/

Reid 2018) oder von Ungleichzeitigkeiten zwischen Rechtsprechung und Einstellungswandel in der Bevölkerung, ist es zudem unklar und umstritten, ob und in welcher Hinsicht ein Thema noch oder nicht mehr Gegenstand einer gesellschaftspolitischen Kontroverse ist oder sein sollte (Hess 2009). Themen und Fragen sind daher nicht *an sich* kontrovers, sondern werden es erst aufgrund von Kontexten (man denke etwa an Debatten über die Rolle der Evolutionstheorie in den USA, die in Deutschland keine nennenswerte Relevanz mehr haben). Je nach Kontextgegebenheiten birgt das Unterrichten kontroverser Themen unterschiedliche Herausforderungen und Risiken. In hochgradig polarisierten soziopolitischen Kontexten kann die Thematisierung einer Kontroverse Konflikte hervorrufen und verstärken. Wo dies nicht der Fall ist, kann man zuweilen Schwierigkeiten haben, überhaupt eine Kontroverse in Gang zu setzen (hierzu: Yacek 2018), da es an Anlässen für Streit fehlt oder die Bereitschaft, sich auf eine Kontroverse einzulassen, nicht vorhanden ist. Häufig dürfte es auch ratsam sein, auf die politische Relevanz einer Debatte oder – was nicht selten der Fall sein dürfte – des Fehlens einer Debatte gesondert hinzuweisen. Man sieht sich dann mit dem Problem konfrontiert, dass es weniger um die Frage geht, *wie* ein Thema (oder eine Kontroverse) im Unterricht aufbereitet und diskutiert werden sollte, sondern um die grundlegendere Frage, ob das Thema *überhaupt* zur Sprache kommt oder mehr oder weniger bewusst tabuisiert wird (z. B. die in vielen Ländern historisch verspäteten Debatten über Kolonialgeschichte und Rassismus; Terkessidis 2019). Dies hängt in der Regel nicht allein von den Evidenzen, sondern auch von sich wandelnden politischen Diskurskonstellationen ab. Als lehrreich kann in diesem Zusammenhang der Umgang mit dem Thema Atomkraft in japanischen Schulbüchern gelten, der von Imai rekonstruiert wurde (Imai 2017). Während laut Imai an japanischen Schulen traditionell eher versucht wird, politisch heikle Themen zu umgehen, gab es unmittelbar *vor* der Katastrophe von Fukushima ministerielle Initiativen, die das Thema in Unterrichtsmaterialien auf hochgradig einseitige Art darstellen lassen wollten und die Vorzüge dieser Art der Energiegewinnung in den Vordergrund stellten, kritische Stimmen, die auf die Risiken verwiesen, aber marginalisierten oder gar nicht berücksichtigten. Erst *nach* der Katastrophe wurden die Perspektiven und Argumente der Kernkraftgegner dann schulfähig und in den einschlägigen Unterrichtsmaterialien als ›zulässige‹ Perspektive behandelt. Interessant an dem Beispiel ist, dass die wissenschaftlichen Tatsachen zwar nicht durchweg fehlerhaft wiedergegeben wurden, sie jedoch in Teilen sogar nach Fukushima noch auf eine sehr einseitige Art und Weise dargestellt und *geframed* wurden (etwa depolitisierende und dekontextualisierte Beschreibungen von Fukushima als eine Art Naturkatastrophe, die man zu ertragen und hinzunehmen hat). Dieses und andere Beispiele (z.B. zum Klimawandel: Hilbrich 2019) sollten daher skeptisch stimmen hinsichtlich allzu eindeutiger und politisch eher naiver Annahmen über mögliche und erhoffte Wirkungen von dialogischer Demokratieerziehung, welche in vielen Fällen die Probleme, die sie vorgibt zu bearbeiten, selbst mit (re-)produziert und zementiert (Merry 2020; Kap. 2.1.) So ist die Bildungsgeschichte und -gegenwart voll von Beispielen, in denen Themen, Debatten und Konflikte z.B. in Schulbüchern mehr oder weniger absichtlich auf hochgradig einseitige Art und Weise dargestellt werden (vgl. Pöggeler 1985; Wojdon 2014). Lehrerinnen und Lehrer sollten daher stets prüfen, ob sie – teils sicher auch unbeabsichtigt – fragwürdige Diskurse und damit verbundene Stereotype und Vorurteile bei der Behandlung kontroverser Themen reproduzieren, statt sie gemeinsam mit den Schülern auf den Prüfstand zu stellen. Aufgrund von diesen und vielen anderen Formen der wie auch immer vermittelten Einflussnahme, die Diskussionen und die Darstellung von Diskussionen im Unterricht auf problematische Weise vorstrukturieren können (etwa im Rahmen von *hidden curricula*), kann von Neutralität oder Multiperspektivität im Umgang mit Kontroversen in vielen Fällen von Anfang an nicht die Rede sein (Petrovic 2013). Dies zu diagnostizieren und festzustellen, dass kontroverse Themen im Unterricht nicht in einem gesellschaftspolitischen Vakuum stattfinden, bedeutet aber nicht, dass entsprechende Formen der politischen Instrumentalisierung von Unterricht einfach hinzunehmen wären. Politische Debatten gilt es stets – auf Basis entsprechender Prinzipien und Kriterien – in pädagogisch bearbeitbare Problem- und Diskussionsvorgaben zu transformieren (Benner 1987; Brighouse 2007; Rucker 2021; Kap. 2.1).

Zu berücksichtigen ist, dass öffentliche Schulen sich zwar in ihrer Gestaltung an grundlegenden Prinzipien des demokratischen Zusammenlebens zu orientieren haben, selbst aber nur in einem sehr eingeschränkten und domänenspezifischen Sinne als *demokratisch strukturierte* Institutionen gelten können (Reichenbach 2017) und zwar aus guten, auch pädagogischen Gründen: »Schule bedeutet gegenüber dem demokratischen und beruflichen Leben immer auch Schutz und Vorbereitung durch die Öffentlichkeit selbst. Gleichheit zwischen Lehrpersonen und Lernenden und vollständige Offenheit der Schule zum gesellschaftlichen Leben zu postulieren, heißt auch ihnen eine spezifische Hilfestellung und einen spezifischen Schutz zu verweigern« (Osterwalder 2011, S. 213). Für eine pädagogisch und auch politisch begründbare Einhegung und Zivilisierung der Diskussion von politischen Kontroversen im Klassenraum sprechen auch aktuelle Zeitdiagnosen, die darauf verweisen, dass das Spektrum der noch als demokratisch anerkannten Positionen von tendenziell antidemokratischen und illiberalen Parteien und Bewegungen zunehmend ausgeweitet und überdehnt wird – u. a. vermittels der politischen Strategie des kontinuierlichen Tabubruchs. Auf diese Weise werden die Prinzipien politischer Unparteilichkeit und Multiperspektivität von interessierter politischer Seite in Beschlag genommen und zweckentfremdet, um Lehrkräfte einzuschüchtern und ein Klima der Angst und des Verdachts zu schaffen. Angesichts dieser Entwicklungen finden sich Lehrkräfte vielfach in einer prekären Situation wieder, die als *paradox of political education* beschrieben wird. Diese Paradoxie resultiert, so Hess und McAvoy, aus der Notwendigkeit, Schülern einerseits eine überparteiliche demokratische Bildung zu vermitteln und sie andererseits zugleich auf die Teilnahme an teilweise hochgradig polarisierten parteilichen Debattenkonstellationen vorzubereiten. Ein Teil der pädagogischen Herausforderung des Unterrichtens kontroverser Themen besteht daher darin, zu bestimmen, wo Demokratieerziehung endet und wo Indoktrination beginnt (Hess/Mc Avoy 2015, S. 4).

Das ›Mantra von Beutelsbach‹: Probleme im Umgang mit einem Prinzipienkatalog

Die Frage, wie mit dieser Paradoxie umzugehen ist, wird im deutschsprachigen Raum üblicherweise unter Bezugnahme auf den sogenannten Beutelsbacher Konsens (BK) diskutiert, der als eine »Art informelles Grundgesetz der politischen Bildung« gilt (Grammes 2016, S. 165). Der BK geht zurück auf einen von Hans-Georg Wehling formulierten Protokollabschnitt, der zentrale Ergebnisse der Diskussion einer politikdidaktischen Tagung in Beutelsbach (bei Stuttgart) im Jahr 1976 in Form eines Minimalkonsenses zusammenfasste (Widmaier/Zorn 2016, S. 17) bzw. einen solchen ›Konsens‹ nachträglich konstruierte (Ahlheim 2019, S. 13). Bemerkenswert ist zunächst, dass der BK selbst Resultat einer Kontroverse in einem polarisierten politischen Kontext war, »in der politische Bildung zur Arena der politischen Auseinandersetzung gemacht« wurde (Schiele 1996b, S. 1) und die »Züge eines Kulturkampfes trug« (Frech/Richter 2017, S. 10). Die Debatte entzündete sich an neuen Lehrplänen und Schulbüchern und der damit verbundenen Frage nach den normativen Grundlagen und der Ausrichtung der politischen Bildung. Im Nachgang von 1968 ging es nicht zuletzt um die Frage, ob sich politische Bildung eher an dem Leitziel der Anerkennung und Stabilisierung des gesellschaftlichen Status quo oder aber im Anschluss an Leitvorgaben der Frankfurter Schule an der Idee einer grundlegenden Neugestaltung der Gesellschaft im Namen von ›Demokratisierung‹ und ›Emanzipation‹ orientieren sollte (Buchstein/Frech/Pohl 2016, S. 102). Beiden Positionen schrieben manche Kritiker eine gewisse Affinität zur Instrumentalisierung von Schülern durch eine politisch in Dienst genommene politische Bildung zu. Als »Stoppschild« gegen solche Formen der politischen Instrumentalisierung (Schiele 1996b, S. 1) gilt der BK bis heute als ungemein wirkmächtig. Nicht nur in der nationalen, sondern auch in der internationalen wissenschaftlichen Diskussion (Gebauer 2016) gilt er als »Exportschlager« (Grammes 2017). Als berufsethisches Fundament scheint er – zumindest mit Bezug auf Politikunterricht – Allgemeingut geworden zu sein (Widmaier/Zorn 2016, S. 11). Dieser Erfolg ist auch deshalb erstaunlich, weil es sich zunächst nur um eine »formlose Übereinkunft« (Schiele 1996a, S. VII) über didaktische Prinzipien handelt, die zunächst keine rechtliche Geltung beanspruchen kann.[21] In Form von drei Prinzipien gibt der BK Leitorientierungen für die Auseinandersetzung mit Kontroversen im Unterricht vor und formuliert darauf abgestimmte Ziele politischer Bildung (in erster Linie: Mündigkeit). Die drei Prinzipien – das Überwältigungsverbot (häufig auch Indoktrinationsverbot), das Kontroversitätsgebot und das Prinzip der Schülerorientierung[22] – lauten in leicht gekürzter Form wie folgt:

21 Herbst weist darauf hin, dass dies »für den Politikunterricht ggf. etwas anders gelagert ist, weil der BK zumeist in Curricula enthalten ist, die einen rechtlich verbindlichen Charakter haben« (2021, S. 7, Anm. 11). Darüber hinaus sind natürlich auch noch weitere rechtliche Rahmungen und Bezüge für die Deutung und Anwendung der entsprechenden Prinzipien relevant (vgl. Kap. 1.3).

22 Grammes (2017) und Detjen (2017) weisen darauf hin, dass diese Prinzipien keineswegs erst in Beutelsbach erfunden wurden, sondern dass es natürlich schon Vorläuferversionen derselben, etwa in der Weimarer Republik, gab. Zu funktionalen Äquivalenten des BKs in der internationalen Debatte vgl. ebenfalls Grammes

Beutelsbacher Konsens

1. *Überwältigungsverbot.* »Es ist nicht erlaubt, den Schüler – mit welchen Mitteln auch immer – im Sinne erwünschter Meinungen zu überrumpeln und damit an der ›Gewinnung eines selbständigen Urteils‹ zu hindern. Hier genau verläuft nämlich die Grenze zwischen Politischer Bildung und Indoktrination. Indoktrination aber ist unvereinbar mit der Rolle des Lehrers in einer demokratischen Gesellschaft und der – rundum akzeptierten – Zielvorstellung von der Mündigkeit des Schülers.«
2. *Kontroversitätsgebot.* »Was in Wissenschaft und Politik *kontrovers* ist, muss auch im Unterricht kontrovers erscheinen. Diese Forderung ist mit der vorgenannten aufs engste verknüpft, denn wenn unterschiedliche Standpunkte unter den Tisch fallen, Optionen unterschlagen werden, Alternativen unerörtert bleiben, ist der Weg zur Indoktrination beschritten. Zu fragen ist, ob der Lehrer nicht sogar eine *Korrekturfunktion* haben sollte, d. h. ob er nicht solche Standpunkte und Alternativen besonders herausarbeiten muss, die den Schülern (und anderen Teilnehmern politischer Bildungsveranstaltungen)

(2017). Zu diskutieren wäre, ob sich ein globaler und universalistischer Orientierungsrahmen für den Umgang mit kontroversen Themen begründen ließe (Gebauer 2016) und ob der Fokus auf Kontroversität im Unterricht eine kulturspezifische Orientierung darstellt, die sich ggf. in divergierenden Leitmetaphern ausdrückt (etwa: ›Argumentation ist Krieg‹; hierzu: Lakoff/Johnson 2003 und auch: Sen 2005).

von ihrer jeweiligen politischen und sozialen Herkunft her fremd sind. Bei der Konstatierung dieses zweiten Grundprinzips wird deutlich, warum der persönliche Standpunkt des Lehrers, seine wissenschaftstheoretische Herkunft und seine politische Meinung verhältnismäßig uninteressant werden.«

3. *Prinzip der Schülerorientierung.* »Der Schüler muss in die Lage versetzt werden, eine *politische Situation* und seine *eigene Interessenlage* zu analysieren, sowie nach Mitteln und Wegen zu suchen, die vorgefundene politische Lage im Sinne seiner Interessen zu beeinflussen. Eine solche Zielsetzung schließt in sehr starkem Maße die Betonung *operationaler Fähigkeiten* ein, was eine logische Konsequenz aus den beiden vorgenannten Prinzipien ist« (Wehling 1977, S. 179 f.; Hervorh. i. O.).

Diese drei Prinzipien stehen – so eine gängige Deutung – in einem wechselseitigen Stützungsverhältnis zueinander, wobei vor allem das Kontroversitätsgebot Möglichkeiten bietet, die Einhaltung des Indoktrinationsverbots sicherzustellen. Insbesondere der im dritten Prinzip geforderte Bezug auf die Interessen des Schülers wird häufig als problematisch eingeschätzt, da es entweder zu übergriffigen Fehldeutungen durch überambitionierte Pädagogen einlade, die im Rahmen der advokatorischen Durchsetzung politischer Zielvorgaben mit den Schülern die Welt auf mehr oder minder radikale Art politisch verändern wollen, oder aber weil es nur die Möglichkeit und nicht die Realität politischer Partizipation in den Blick nehme, wodurch kritikwürdige Herrschaftsverhältnisse aus dem Blick gerieten.

Der »Kernbestand« dieser Prinzipien wird trotz einiger späterer Reformulierungs- und Ergänzungsvorschläge und wechselnder zeitdiagnostischer Schwerpunktsetzungen insgesamt – so zumindest die weitverbreitete Einschätzung – nur selten grundsätzlich in seiner Legitimität in Frage gestellt. Es herrscht, so scheint es, weitgehend Konsens im Umgang mit dem Konsens.

Da aber so viel Einmütigkeit im Umgang mit Dissens in Auseinandersetzungen über politische und wissenschaftliche Fragen selten ist, sollte dies skeptisch stimmen. Allein das Faktum, dass zu jedem der im BK genannten Begriffe wie z. B. Indoktrination, Kontroversität oder Mündigkeit seit Jahrzehnten hochgradig spezialisierte philosophische Kontroversen existieren, in denen keineswegs Einigkeit über ihre theoretische Konzeptualisierung oder Anwendung auf praktische Fälle herrscht (Drerup 2016; 2018a), lässt die dem BK zugeschriebene Orientierungskapazität fraglich werden. Die Vermutung liegt nahe, dass es sich eher um einen Oberflächenkonsens handelt, der sich zur Einhegung oder rhetorischen Beilegung von Konflikten eignen mag, zur Klärung von konkreten theoretischen und praktischen Problemen im Umgang mit Kontroversen jedoch genauer ausformuliert werden muss. Der grundlegende theoretische Status (Gronostay 2019), die normativen und praktischen Funktionen, die Interpretation, Anwendung und vor allem auch die konkrete Spezifikation und Ausformulierung des Prinzipienkatalogs sind selbst Gegenstand *kontroverser* Diskussionen. Wie die Elemente des ›Mantras‹ von Beutelsbach und insbesondere das Kontroversitätsgebot als »Kern der Berufsethik von Pädagogen in demokratischen Gesellschaften« (Grammes 2014, S. 266) jeweils zu deuten sind, ist alles andere als klar. Sie müssen immer wieder aufs Neue im Rahmen von Prozessen der Konsens*bildung* (Gagel 1996, S. 26) geklärt, verhandelt und aktualisiert werden. Zugleich kann man konzedieren, dass in der Vagheit und »offenkundigen Unverbindlichkeit« auch eine Stärke des BK liegt (Schiele 1996b, S. 2), der – so Wehling – ohnehin auf *»eine Verständigung auf der mehr praktischen Ebene«* (1977, S. 178; H. i. O.)[23] ausgelegt sei, also gewissermaßen eine Art praktischen Kompromiss darstellt, der gerade deshalb funktional ist, weil man auch zwecks Beilegung von politischen Konflikten theoretische Kontroversen ausblenden kann. So kann man trotz oder gerade aufgrund der verbleibenden theoretischen Unklarheiten dem BK *selbst* eine politisch-praktische Funktion als Werkzeug der Professionalisierung und auch Demokratisierung zuschreiben, da er scheinbar geteilte und anschlussfähige Orientierungspunkte liefert, auf die Lehrerinnen und Lehrer zur Begründung ihrer Praxis verweisen können. Andererseits lädt diese Deutungsoffenheit aber auch ein zu Fehlrezeptionen und Missverständnissen in der Schulpraxis (Oberle 2017), in der Wissenschaft (Herbst 2021) und in der Politik (Engartner 2020), was eine politische Indienstnahme des BKs für partikulare Interessen begünstigen kann (etwa wenn der BK als Aufforderung an

23 So wird auch in der aktuellen Debatte immer wieder behauptet, dass es jenseits von (wissenschafts-)theoretischen Disputen und Letztbegründungsdebatten mit Bezug auf die relevanten pädagogischen Fragen durchaus einen Konsens im Umgang mit Kontroversität gebe, ein Befund, der angesichts der kontroversen (inter-)nationalen erziehungstheoretischen Diskussion über den praktischen Umgang mit Kontroversen verblüffen muss.

Lehrkräfte fehlgedeutet wird, sich gegenüber *jedweder* politischer Position neutral verhalten zu müssen; vgl. Kap. 1.3). Am Ende bleibt das Problem, dass man insbesondere in Praxiskontexten im Konfliktfall begründete und intersubjektiv nachvollziehbare – an Kriterien orientierte – Entscheidungen darüber fällen muss, wie mit kontroversen Themen im Unterricht umzugehen ist, was voraussetzt, dass man sich darüber verständigt und aufgeklärt hat, wie die zugrundeliegenden Kriterien denn genauer verstanden werden sollen und natürlich auch darüber, warum man sich denn überhaupt mit solchen Fragen im Unterricht befassen und belasten sollte.

1.2 Vor- und Nachteile der Kontroverse im Unterricht: empirische Befunde

Die Frage, warum man im Unterricht über kontroverse Themen diskutieren sollte, scheint in manchen Debattenkontexten nicht nur von Vertretern deliberativer Demokratiepädagogik von vorneherein als überflüssig und selbsterklärend betrachtet zu werden. Zunächst sollte man daher daran erinnern, dass die Annahme, dass ›Demokratie‹ eine positiv zu bewertende Form politischer Herrschaft und politischen Zusammenlebens ist, historisch ähnlich jung ist (Manow 2020) wie die Vorstellung, dass legitime Erziehung ›demokratisch‹ zu sein habe, was eine »politisierte Wendung pädagogischen Denkens« darstellt, »die alles andere als selbstverständlich ist« (Reichenbach 2020a, S. 203). Ein Problem in der Debatte um den angemessenen Ort, die Formen und die Funktionen von Diskussionen in pädagogischen Konstellationen besteht entsprechend darin, dass in dieser »Wendung« die relevanten Konzeptionen (von Diskussion, Dialog[24] etc.) teils stark normativ aufgeladen und zur Konstruktion allzu eindimensionaler Dichotomien genutzt werden – etwa: *Dialog* = Reziprozität, Gleichheit, Symmetrie, aktive Schüler etc. = ›gut‹ vs. *Monolog* = hierarchisch, asymmetrisch, technologisch, passive Schüler etc. = ›schlecht‹ (Kvernbekk 2012, S. 969). Die Annahme, dass dialogorientierten Formaten a priori eine moralische und pädagogische Überlegenheit zuzuschreiben sei, zeichnet ein allzu vereinfachtes Bild von pädagogischen Konstellationen. Denn dialogische und monologische Lehr- und Lernformen können je nach Konstellation und beteiligten Personen unterschiedliche Effekte haben: Monologische Unterrichtsstile etwa im Sinne eines klassischen Frontalunterrichts können Schülern durchaus Freiheitsspielräume bieten, die es ihnen erlauben, in hohem Maße »aktiv« zu sein, gerade weil sie nicht der Erwartung ausgesetzt sind, sich unmittelbar kommunikativ zu beteiligen und es eine gewisse »Distanz zwischen Sender und Empfänger« gibt (ebd., S. 975). Umgekehrt können Forderungen nach Reziprozität und die Erwartung, in Dialogen antworten zu müssen, selbst repressive Züge annehmen, wenn Diskussionen als Vehikel der Durchsetzung partikularer Interessen instrumentalisiert werden. Die erwähnten Dichotomien unterstellen zudem, dass zwischen beiden Formen der pädagogischen Orientierung eine Entweder-oder-

24 Zur Debatte über dialogisches Unterrichten und über dialogische Erziehung und Bildung: Burbules (1993); Mercer/Major/Wegerif (2020).

Entscheidung zu treffen ist, was ihre faktische – und potenziell sinnvolle – Kopräsenz in pädagogischen Konstellationen ausblendet. Es besteht deshalb auch die Gefahr, Diskussionen im Klassenraum als eine Art *magic bullet* im Sinne eines vermeintlich universalen Patentrezepts zu betrachten und pädagogisch relevante Unterschiede bei den Diskussionsgegenständen sowie alternative Möglichkeiten des Umgangs mit ihnen nicht zu berücksichtigen. Die Diskussion politischer Fragen stellt – das sei hier klar gesagt – sicherlich eine wichtige und praktisch auch kaum vermeidbare, aber eben nur *eine* Form der Demokratieerziehung unter anderen dar, deren Vorbereitung und Realisierung zudem von pädagogischen Praktiken und Arrangements abhängt, die im Kontext Schule selbst nur eingeschränkt dialogisch strukturiert oder (jederzeit und gleichzeitig) zum Gegenstand diskursiver Auseinandersetzung gemacht werden können.

Um die Möglichkeiten und vor allem die Grenzen dieser und anderer Programmatiken realistisch einzuschätzen, ist – trotz positiver Korrelationen zwischen der Dauer des Schulbesuchs und demokratischen Verhaltensweisen und auch einer insgesamt hohen Zustimmung zu liberal demokratischen Leitwerten – zunächst grundsätzlich festzuhalten, dass angesichts von häufig sehr voraussetzungsreich formulierten Bürgerleitbildern mit ihren »hohen Erwartungen«, so Tenorth, »das Ergebnis langer Mühen in der politischen Bildung […] eher enttäuschend« ist (2020, S. 486). Abgesehen von der erwartbaren Differenz zwischen »Wissen und Urteilen bzw. Handeln« finden sich hier insbesondere historisch-politische Wissensdefizite (z. B. zu den deutschen Diktaturen) und das politisch brisante Faktum,

»dass sich offenbar eine Restgruppe stabil erhält, die nicht nur als antidemokratisch in Werten und Verhalten bezeichnet werden kann, sondern auch stabile antisemitische Vorurteile und rechtsextremistische Meinungen und Handlungsbereitschaften zeigt« (ebd.). Die häufig eher ernüchternden Ergebnisse empirischer Forschung zum tatsächlichen politischen Wissen von Bürgern (Brennan 2017) kontrastieren mit den in pädagogischen Perfektionsformeln formulierten Idealen und belegen deutlich, dass Demokratieerziehung in der Schule spezifische »Ergebnisse, gar nur die erwünschten [...] nicht garantieren« kann (Tenorth 2020, S. 488). Damit ist auch angezeigt, dass es nicht nur aus politischen und pädagogischen, sondern auch aus empirischen Gründen fragwürdig sein kann, allein das öffentliche Schulsystem für die Bearbeitung aller nur denkbaren strittigen sozialen Probleme heranzuziehen und ihm allein die Verantwortung für eine demokratische Streitkultur aufzulasten. Der schulische Umgang mit kontroversen Themen kann jedoch zumindest – so eine bescheidenere Annahme – darauf vorbereiten, sich auf angemessene und möglichst kompetente Art und Weise an öffentlichen Debatten zu beteiligen.

Der Kultivierung kontroverser Diskussionen im Unterricht lässt sich ein intrinsischer oder ein instrumenteller Wert zuschreiben. Die Annahme, Kontroversen seien an sich wertvoll bzw. ein intrinsisch wertvolles demokratisches Gut (Hess 2002), ist wenig plausibel, weil man dies ohne Einbezug von Folgen und Wirkungen kaum wird rechtfertigen können. Ähnlich wie bei Debatten über den Wert der Demokratie (Talisse 2019) kann man immer die Frage stellen, *warum* und *wofür* denn entsprechende Kontroversen eigentlich gut sein sollen und in welchem Zusammenhang sie mit anderen pädagogischen und politischen Zielen stehen. Der Einübung des Ethos der Verständigung und des Dissenses im Rahmen von Diskussionen im Unterricht (welche ja eine basale Konsensorientierung nicht ausschließen muss) wird daher in der Debatte eine Reihe von erzieherischen Funktionen zugeschrieben, die sich empirisch plausibilisieren und mit Bezug auf zentrale Ziele von Demokratieerziehung und -bildung begründen lassen.

Eine gängige Annahme ist z. B., dass Schüler durch Kontroversen die verhandelten Inhalte und insbesondere auch andere Positionen besser kennenlernen. Das kann dann dazu führen, dass sie auch Prämissen ihrer eigenen Sichtweisen besser verstehen, gegebenenfalls reflexiv problematisieren bzw. eine begründete Sichtweise überhaupt erst ausbilden (Hand/Levinson 2012, S. 617). Argumentative Auseinandersetzungen und die damit einhergehende Konfrontation mit einer Pluralität von Sichtweisen können, so die Hoffnung, Reflexions- und Lernprozesse auslösen, die Perspektivenübernahme und -erweiterung ermöglichen und zur Relativierung des Eigeninteresses zugunsten einer Orientierung an einem *common good* beitragen können. So legen eine Reihe von quantitativen und qualitativen Forschungsarbeiten nahe, dass Kinder in Diskussionen über kontroverse Themen im Klassenraum nicht nur lernen, miteinander zu diskutieren (was für viele, auch nicht unmittelbar politische Kontexte wichtig und wünschenswert sein kann), sondern auch Wissen, epistemische, kommunikative und politische Fähigkeiten und Tugenden sich aneignen und kultivieren, auf die demokratische Gesellschaften angewiesen sind. Hierzu zählen etwa: Wissen über und

Interesse an politischen Zusammenhängen, kritisches Denken, Motivation sich politisch zu engagieren und zu partizipieren, *open mindedness*, Akzeptanz demokratischer Grundwerte und Umgangsformen (Toleranz, Pluralismus etc.), Konfliktfähigkeit und auch Spaß an der Debatte.[25] Neben diesen positiven Zusammenhängen gilt es auch mögliche Kollateralschäden zu berücksichtigen, die eintreten können, wenn man sich im Unterricht *nicht* mit kontroversen Themen beschäftigt und so die präventiv-kompensatorische und aufklärerische Funktion entsprechender Formate nicht nutzt (etwa zur Korrektur falscher Darstellungen von kontroversen Themen in Massenmedien).

Wie auch immer man diese Resultate genau erklären mag,[26] es gibt in jedem Fall eine Reihe von empirisch wohlfundierten Gründen für die Annahme, dass diskursive Praktiken und Arrangements tatsächlich viele der gewünschten Effekte für die Erreichung der Ziele von Demokratieerziehung haben. Auch wenn dies zunächst gute Nachrichten für Verfechter von mehr Diskussionen im Unterricht zu sein scheinen, lässt sich ausgehend von diesen allgemeinen Befunden recht wenig für die Gestaltung und

25 Vgl. die Überblicke in Hess 2002; 2009; Hess/McAvoy 2015; Doney/Wegerif 2017; Reinhardt 2019, Gronostay 2019 und Pace 2021.

26 Etwa durch die kognitiven und emotionalen Dissonanzen, die Kontroversen bei Schülern auslösen und die als Lern- und Bildungsprozesse initiierender »Motor für Weiterentwicklung« gedeutet werden können, oder aufgrund einer »Strukturadäquanz« zwischen »dem Gegenstand demokratische Politik und dem Lernarrangement, so dass die Form der Interaktion die Struktur des Gegenstandes repräsentieren kann« (Reinhardt 2019, S. 71).

Bewertung von *konkreten* kommunikativen Praktiken und Arrangements folgern, denen die gewünschten Effekte zugeschrieben werden. Auch weil die entsprechenden Studien häufig mit eher kleinen Samples arbeiten, die nicht repräsentativ sind, und man jenseits von wahrscheinlichen Ursache-Wirkungsbeziehungen (Gronostay 2019) über einzelne spezifische kausale Faktoren, die für die Resultate verantwortlich sind, wenig weiß, sollte man daher die Ergebnisse und ihre pädagogische Relevanz und Nutzbarkeit nicht übergeneralisieren.[27] So stellt Hess mit Bezug auf Hahn (1996) fest: »Pädagogen verwenden viele Konzepte im Umgang mit Diskussionen, und praktisch alle sind in einen Lernprozess eingebettet, der auch eine Reihe anderer Komponenten umfasst. Daher ist es schwierig, den Einfluss zu messen, den die Diskussion kontroverser Themen auf bestimmte Ergebnisse hat«.[28] Um die Resultate und das, was gegebenenfalls aus ihnen für die angemessene Gestaltung von diskursiven Lernumgebungen folgt, angemessen einordnen und bewerten zu können, muss man zudem berücksichtigen, dass nicht nur die Quantität, son-

27 Dies gilt auch auf Grund der Problematik der Extrapolation und Übertragkeit von Forschungsergebnissen und ihrer Nutzung auf unterschiedliche kulturelle und soziopolitische Kontexte. Was in einem Kontext auf gute Art und Weise funktionieren mag, lässt sich nicht ohne weiteres auch in einem anderen Kontext nutzen, wenn Schüler z. B. andere Vorerfahrungen (auch im Umgang mit Diskussionspraktiken) mitbringen.

28 »[...] educators use many approaches to discussion, and virtually all of them are embedded in a course of study that includes a number of other components as well. Thus, measuring the influence that discussion of controversial issues has on particular outcomes is difficult« (Hess 2009, S. 33; Übers.: J. D.).

dern vor allem die Qualität der Diskussionen relevant ist, es sich also um pädagogisch angemessen organisierte und strukturierte Formate handeln muss, die im Rahmen von einschlägigen Studien (Hess 2002; 2009; Hess/McAvoy 2015; Pace 2021) unter ›Best Practices‹ subsumiert werden (Kap. 2.1). Damit sind nur einige der Probleme genannt, die die komplexen Zusammenhänge zwischen spezifischen diskursiven Praktiken und Arrangements und adressatenspezifisch auch unterschiedlich ausfallenden kurzfristigen und längerfristigen Effekten betreffen, wobei auch nichtintendierte Nebeneffekte noch zu berücksichtigen wären.

Angesichts der Pluralität der Ziele, die mit entsprechenden Formaten verfolgt wird, stellt sich zudem die Frage, ob und inwieweit sie tatsächlich gleichzeitig erreicht werden können, oder ob der anvisierte Erfolg und die Effizienz in einer Dimension auch zu Lasten anderer gehen könnte. So gilt z. B. die Unfähigkeit, mit Formen des Dissenses und damit verbundenen Unsicherheiten, Unklarheiten und Uneindeutigkeiten umzugehen, als möglicher Indikator und Auslöser für autoritäre Dispositionen, mit denen politische Intoleranz einhergeht (aus Perspektive der neueren Autoritarismusforschung: Stenner/Haidt 2018). Während die Debatte über kontroverse Themen insgesamt positive Effekte auf die Toleranz von Schülern zu haben scheint, scheint dies jedoch für Schüler, die entsprechende Dispositionen haben, gerade nicht zu gelten bzw. sogar gegenteilige Effekte in Form von weniger Toleranz nach sich zu ziehen (Hess 2009). Die direkte oder über Diskussionen vermittelte Propagierung des Werts von (Perspektiven-) Vielfalt – und nicht etwa der Fokus auf gemeinsame und geteilte Werte – führt dann eher zur Ablehnung jener Vielfalt, die für manche Gruppen schwer erträglich scheint (Stenner/Haidt 2018). Auch bei der Förderung erhöhter politischer Partizipation und politischen Engagements gibt es skeptisch stimmende Befunde, die nahelegen, dass mehr Partizipation (Talisse 2019) und mehr gemeinsame Deliberation auch zu mehr Polarisierung und zu einer Festigung von Vorurteilen in Gruppen führen können (Brennan 2017). Der Wert der Partizipation hängt auch von der Art und Weise ab, wer, wie und zu welchem politischen Zweck partizipiert und welche Folgen dies für die Durchsetzung von politischen Interessen hat. Mehr Partizipation ist dann häufig eben nicht unbedingt besser (Reichenbach 2020a), auch weil sie anderen Zielen demokratischer Erziehung nicht immer zuträglich ist (z. B. Toleranz; Gleichheit) und es folglich vielleicht auch nicht per se zu bedauern ist, dass nur eine Minderheit dem Ideal politischer Bildung als ›Aktivbürger‹ entsprechen (etwa 5 %; Tenorth 2020, S. 487). Die genannten Wert- und Funktionszuschreibungen sind daher – auch angesichts vieler offener und umstrittener empirischer Fragen – nicht ohne Risiken, da die (nicht intendierten) (Langzeit-)Effekte der genannten Programmatiken dann vielleicht doch ambivalenter einzuschätzen sind, als es die einfache lineare Steigerungsformel ›mehr Diskussion kontroverser Themen ➤ mehr demokratische Bildung ➤ mehr und bessere Demokratie‹ nahelegt.

Mit diesen skeptischen Bemerkungen, die nicht nur den Nutzen, sondern auch potenzielle Nachteile von Unterrichtsdiskussionen thematisieren, sollen keineswegs der grundsätzliche Sinn, Zweck und die Berechtigung dieser Formate in Abrede gestellt werden. Jenseits der Konstruktion harmonischer pädagogischer Idealwelten, in denen normative Leitziele und empirische Evidenzen auf wundersame Weise in Passung gebracht werden, gilt nun einmal, dass weder die Effekte und schon gar nicht der konkrete Umgang mit Kontroversen im Unterricht ambivalenz- und dilemmafrei zu haben sind. Es gilt schließlich hier wie in anderen pädagogischen Kontexten auch, dass Konflikte (auch im Umgang mit Konflikten) und auch Scheitern Alltagserfahrungen darstellen, die keinem Pädagogen erspart bleiben. Wollen Lehrkräfte jedoch überhaupt angemessen und legitim mit diesen Herausforderungen umgehen, reicht es nicht aus, auf die Autorität des Beutelsbacher Konsenses als abstrakter Referenz zu verweisen. Sie brauchen vielmehr gehaltvollere Kriterien, die es ihnen erlauben, zwischen kontroversen und nicht kontroversen Themen zu unterscheiden und dies – auch gegenüber den Schülern – zu begründen.

1.3 Kontroversen über Kontroversitätsgebote

Die Frage nach der angemessenen Bestimmung von Kriterien steht im Zentrum der Kontroverse über Kontroversitätsgebote. Diese wird insbesondere in der internationalen Philosophy of Education geführt, in der unterschiedliche – teils eher inklusive, teils exklusive – Kriterien zur Unterscheidung von kontroversen und nicht kontroversen Themen vorgebracht wurden. Zu den Leitannahmen der Debatte gehört, dass alle die Themen, die kontrovers und offen diskutiert werden sollten, *nicht direktiv*, d. h. ohne klare pädagogische Ziel- und Lenkungsabsicht und ohne darauf abgestimmte Mittel unterrichtet und so unparteilich wie möglich dargestellt werden sollen, da ansonsten gegebenenfalls Indoktrinationsvorbehalte geltend gemacht werden können. Für alle Themen, für die dies nicht zutrifft, gelten direktive Formen des Unterrichtens grundsätzlich als legitim. Wichtig ist in diesem Zusammenhang, dass Unterrichtsdiskussionen durch die kriteriengeleitete Auswahl eines Spektrums von legitimerweise kontroversen Positionen zwar immer schon ein Stück weit vorstrukturiert werden (Däuble 2016), die Behandlung eines Themas als nicht kontrovers jedoch nicht notwendig bedeutet, dass dieses Thema *gar nicht* im Unterricht diskutiert werden sollte. Es soll eben nur nicht als *kontroverses* Thema behandelt werden, auf das es unterschiedliche gleichberechtigte und legitime Sichtweisen gibt. Bevor im Kapitel 2 unterrichtspraktische Fragen zum Umgang mit kontroversen Themen diskutiert werden, geht es im Folgenden zunächst um die Frage, anhand welcher Kriterien sich bestimmen und eingrenzen lässt, welche Themen im Unterricht als kontrovers zu diskutieren sind. In Auseinandersetzung mit den wichtigsten Vorschlägen, die in der Debatte vorgebracht wurden, wird ein alternativer, pluralistisch gehaltener Orientierungsrahmen entwickelt und gegen zwei gängige Einwände verteidigt.

Das verhaltensbezogene Kriterium

Das sogenannte verhaltensbezogene Kriterium (*behavioral criterion*; Bailey 1975) geht davon aus, dass *alle* in der Öffentlichkeit und Politik diskutierten Positionen und Themen auch in pädagogischen Kontexten kontrovers zu diskutieren sind. Für dieses Kriterium scheint zunächst die radikale Offenheit und Nichtfestlegung des Prozesses und des Ergebnisses von Diskussionen zu sprechen, was auch mit tradierten bildungstheoretischen Annahmen hinsichtlich der Unplanbarkeit und Nichtherstellbarkeit von Bildungsprozessen konform zu gehen scheint. Auch die pädagogische Vorgabe, keine pädagogischen Vorgaben zu machen, d. h., dass Adressaten sich ›ihre eigene Meinung‹ zu bilden haben – wie immer diese dann auch aussehen mag und wie sie begründet sein könnte –, scheint einem liberalen Ethos zu entsprechen. Die Vorgabe, keine künstlichen Trennungen aufzubauen zwischen pädagogisch arrangierten Situationen und dem ›wahren Leben‹, kommt darüber hinaus reformpädagogischen Ideen entgegen, die solche Trennungen immer schon als problematisch erachtet haben. Man kann und soll Schüler – so eine mögliche Begründung – nicht von den harten Realitäten politischer und gesellschaftlicher Debatten abschirmen, denen sie früher oder später ohnehin ausgesetzt sein werden.

Die vermeintlichen Vorteile des verhaltensbezogenen Kriteriums sind jedoch mit einer Reihe von Anschlussproblemen verbunden. Zunächst führt seine konsequente Anwendung zu einer impliziten oder expliziten Nobilitierung fragwürdiger politischer, moralischer und pseudowissenschaftlicher Überzeugungen und diskriminierender, auch empirisch unhaltbarer Positionen, z. B. der Behauptung, Homosexualität sei ›unnatürlich‹. Aus Sicht dieses Kriteriums müssten solche Positionen gleichberechtigt mit wissenschaftlich gut begründeten und liberal-demokratisch akzeptablen Positionen diskutiert werden. Eine solche relativistische Position mag dann zwar auf den ersten Blick den Vorteil haben, dass sich alle Adressaten ihre eigene Meinung bilden können. Sie bereitet jedoch auch den Boden für einen ›faulen Subjektivismus‹, indem sie unterstellt, es ließen sich über die rationale Qualität und empirisch abgesicherte Begründung der relevanten Meinungen keine begründeten Aussagen mehr machen. Dadurch werden die Bedingungen für eine sinnvolle, intersubjektiv nachvollziehbare Meinungsbildung untergraben. Auch die pädagogische und politische Annahme, dass es wünschenswerter wäre, wenn am Ende des pädagogischen Prozesses liberale und demokratische Positionen vertreten werden und nicht etwa rechtsradikale, lässt sich von dieser Warte her nicht mehr begründen. Die Freiheit, sich seine eigene Meinung zu bilden, bedeutet dann, dass auch solche Meinungen akzeptiert werden müssen, die nicht nur in wissenschaftlicher und epistemischer Hinsicht schlecht begründet, sondern auch dezidiert antipluralistisch und undemokratisch sind. Liberal-demokratische Prinzipien (Neutralität, Redefreiheit) können so instrumentalisiert werden, um diese Prinzipien einzuschränken, so dass das Ethos des Dialogs im Namen von radikal formal verstandener Kontroversität und Multiperspektivität ad absurdum geführt wird.

Die Anwendung des verhaltensbezogenen Kriteriums und damit verbundene Neutralitätspostulate können Theorie und Praxis demokratischer Erziehung und Bildung in große Schwierigkeiten bringen, wenn die Unterschiede zwischen den Usancen einer politischen Debattenkultur und den Standards rationaler Argumentation im Rahmen des öffentlichen Vernunftgebrauchs sich nicht mehr überbrücken lassen. Aus Sicht des verhaltensbezogenen Kriteriums müssten die entsprechenden Verfallsformen politischer Diskussion (*post-truth*-Orientierungen, *fake news* etc.) mitsamt den Folgen der gesellschaftlichen Polarisierung und den genutzten politischen Doktrinen eins zu eins in pädagogische Konstellationen überführt werden. Das jedoch würde unverzichtbare epistemische (u.a. Vermittlung von wissenschaftlich approbiertem Wissen; Kultivierung von politischer Urteilsfähigkeit) und politische (Vermittlung demokratischer Grundwerte) Aufgaben pädagogischer Professionen und Institutionen unterminieren.

Im Hintergrund stehen dabei möglicherweise auch antipädagogische Annahmen, wonach jedwede affirmative Bezugnahme auf liberal-demokratische Werte entweder als Ausdruck von Indoktrination und/oder als ›irgendwie‹ undemokratisch interpretiert wird, zumindest sofern sie nicht auf die Überwindung gegebener Ordnungen abzielt. Nicht jede Infragestellung gegebener Ordnungen ist jedoch natürlich automatisch als genuin ›demokratischer‹ Akt einzuordnen (vgl. die Kritik von Wegerif 2018), auch weil nicht jede Form der Kritik gleich gut begründet ist und auch nicht alle gesellschaftlichen Ordnungen in gleicher Weise wünschens- und verteidigenswert sind. Die radikalisierte Vorgabe, keine Vorgaben zu machen, und die Überhöhung von Kritik als Selbstzweck im Verbund mit ressentimentgeladener Geringschätzung demokratischer Institutionen und mit Skepsis gegenüber liberalen Grundwerten kann als »frivoler Sport [...] öffentlicher Vordenker« gelten, den man sich so lange glaubt erlauben zu können, wie »Demokratie recht verlässlich funktioniert« (Manow 2020, S. 174). Begriffspolitische Unterscheidungen von Politik als Platzhalter für tradierte politische Ordnungen und dem Politischen als Ort mehr oder minder radikaler Praktiken des Kampfes gegen diese Ordnungen sind Resultat einer politischen

Theorie, die zu einem »Wettbewerb um die Raffinesse in der Produktion politischer Pathosformeln« verkümmert, die es »Autor und Lesern, Sprecherin und Publikum ermöglichen sollen, sich irgendwie kritischer, progressiver, widerständiger zu fühlen: ›Unvernehmen‹, ›Ereignis‹, ›Subversion‹, ›Unterlaufen der Ordnung‹, ›Unterbrechung‹, ›Rebellion‹, ›Bresche‹, ›Widerstand – Aufstand – Ungehorsam‹ usw. usf. [...]. Aus dieser Perspektive ist ›die Welt‹ die Menge an Episoden, die man anekdotisch aufrufen kann, um sich zu empören. Die ›Politik‹ hingegen ist die Menge an staatlichen Maßnahmen, denen sich im Umgang damit Unzulänglichkeit attestieren lässt« (ebd., S. 172). Folglich hat man dann auch nur noch wenig Gegenargumente zu bieten gegen rechtsautoritäre Positionen, die diese scheinbar progressiven Pathosformeln dankbar aufnehmen und ihre Aktionen als ›Widerstand‹ deklarieren gegen institutionalisierte Praktiken und Ordnungen der liberal-demokratischen Politik und Pädagogik, über die es aus dieser Sicht ohnehin nichts Positives zu sagen gibt. Solche radikalisierten, einseitigen oder radikal offenen Kontroversitätspostulate bieten weder geeignete noch rechtfertigungsfähige Kriterien, um mit kontroversen Themen im Unterricht angemessen umgehen zu können.

Das Kriterium der politischen Authentizität

Hess und McAvoy, die zugleich die Verfasser der wohl wichtigsten empirischen Studie zum Thema in der angelsächsischen Debatte sind, verorten ihren Ansatz in der Tradition deliberativer Demokratietheorie (vgl. Kap. 1.1). Ihre theoretischen Analysen sind eng bezogen auf empirische

Beispielfälle, in denen die Komplexität und Vielfalt der möglichen Umgangsweisen mit kontroversen Themen sichtbar werden. Sie befürworten daher einen kontextualistischen, fallbezogenen und pragmatisch-flexiblen Ansatz, der betont, dass die praktische Urteilskraft durch die Lehrkräfte mittels situationsadäquater Anwendung der relevanten Kriterien eingeübt werden muss.

Das Kriterium der politischen Authentizität führen sie wie folgt ein: »Das Kriterium der politischen Authentizität unterscheidet zwischen dem, was in der gesamten Gesellschaft als Kontroverse präsent ist, und dem, was in die authentische politische Sphäre der Entscheidungsfindung eingegangen ist. Nach diesem Maßstab sind politische Themen dann kontrovers, wenn sie in der Öffentlichkeit verankert sind und auf Wahlzetteln, in Gerichten, in politischen Programmen, in Gesetzgebungskammern und als Teil politischer Bewegungen erscheinen«.[29] Das Kriterium ist exklusiver angelegt als das verhaltensbezogene, da nicht *alle*, sondern nur solche Themen kontrovers diskutiert werden sollen, die in der demokratischen Öffentlichkeit und in entsprechenden Entscheidungsgremien hinreichend verankert sind. Der Öffentlichkeit bzw. dem politischen System kommt demnach eine gewisse Filterfunktion zu. Ihnen

29 »The politically authentic criterion distinguishes between what is bandied about in general society as a matter of controversy and that which has entered the authentic political sphere of decision-making. Using this standard, political issues are controversial when they have traction in the public sphere, appearing on ballots, in courts, within political platforms, in legislative chambers, and as part of political movements« (Hess/McAvoy 2015, S. 168 f., Übers.: J. D.; vgl. auch die Position von Schiele 1996b, S. 4).

wird zugetraut, die Unterscheidung von ernstzunehmenden Kontroversen und solchen, für die dies nicht gilt, zu begründen. Auch Hess und McAvoy sehen gleichwohl Probleme einer Dethematisierung von Kontroversen in der demokratischen Öffentlichkeit und einer Inszenierung von auf politische Polarisierung ausgerichteten Scheinkontroversen durch Moralisierung und Skandalisierung (Grammes 2014, S. 268). Da es wenig plausibel ist, empirisch falsche, pseudowissenschaftliche und diskriminierende Positionen als legitime und gleichberechtigte Sichtweisen zu diskutieren und eins zu eins im Sinne eines bloßen *teach the controversy* in der Schule zu reproduzieren, operieren sie mit der Zusatzunterscheidung zwischen empirischen und politischen Fragen, die bei der Anwendung des Kriteriums beachtet werden soll. Empirische Fragen, bei denen es keinen hinreichenden Konsens gibt, nennen sie offene Fragen, solche, für die dies nicht gilt, geschlossen bzw. erledigt (*settled*). Das Gleiche gilt für politische Fragen bei Entscheidungen über konkrete politische Vorhaben. Abgesehen von dem kaum vermeidbaren Problem, dass in manchen Fällen unklar sein dürfte, wie diese wichtige Unterscheidung im Einzelfall verstanden werden sollte, hat Hess' und McAvoys Vorschlag sicherlich den Vorteil, relativ offen zu sein für unterschiedliche Deutungs- und Auslegungsmöglichkeiten. Er ist somit anders als Vorschläge mit voraussetzungsreicheren und exklusiveren Kriterien anschlussfähiger an die Pluralität realer politischer Debatten. Dieser in der Auseinandersetzung mit einer Fülle von Einzelstudien zum Umgang von Lehrkräften mit kontroversen Themen geschulte Pragmatismus und Realismus, der skeptisch ist gegenüber rein theoretischen Zuordnungs- und Formalisierungsversuchen und ein feines Gespür für die vielen Dilemmata des *teaching controversial issues* entwickelt hat, wird jedoch mit dem Preis einer zu hohen politischen und epistemischen Flexibilität erkauft. Das Kriterium der politischen Authentizität droht übermäßig strapaziert zu werden, wenn etwa rechtspopulistische Parteien und Politclowns im Parlament oder Klimawandel- und Holocaustleugner in den Ministerien darüber entscheiden könnten, was im Unterricht zu gelten hat und was nicht (Ahlheim 2019), da so problematische Diskurskonstellationen gewissermaßen auf Dauer gestellt und grundlegende epistemische Geltungsansprüche (etwa mit Bezug auf Tatsachenwahrheiten) von politischen Repräsentanten ad acta gelegt werden. Solche mancherorts bereits zu beobachtende Entwicklungen sprechen zwar umso mehr für die Geltung der Unterscheidung von Fakten und politischen Meinungen, sie zeigen jedoch auch an, dass es je nach Kontext eher die *Diskontinuität* (bzw. gewissermaßen *Nicht-Authentizität*) zwischen den Gepflogenheiten politischer Debatten und ihrer schulischen Thematisierung bzw. Nichtthematisierung ist, die als Korrektiv stark gemacht werden muss (z. B. um offensichtlich irrationale Positionen nicht zu legitimieren oder aber um Kontroversität überhaupt erst herzustellen). Dies schließt eine Orientierung an realen politischen Debatten nicht aus. Nur sollten dann Auswahl und pädagogische Aufbereitung restriktiver gehandhabt werden, als es das Kriterium der politischen Authentizität nahelegt. Dies betrifft auch die Frage der politischen Grundwerte, die für Demokratieerziehung leitend sein sollten. Hess und Mc-Avoy machen z. B., wenn es um die Frage der gleichgeschlechtlichen Ehe geht, letztlich zu große Zugeständnisse an ideologische Gegner demokratischer Ideale der Gleichberechtigung. Sie konzedieren zwar, dass es problematisch sein kann, wenn einige Lehrkräfte dieses Thema offen und kontrovers diskutieren (z. B. weil es in dem politischen Kontext, in dem sie agieren, so Usus ist), da dies Schüler diskriminieren kann. Bei aller Berechtigung strategisch gebotener Konzessionen gegenüber dogmatischen Fixierungen traditionaler Überzeugungsgemeinschaften sollte man jedoch denken, dass sich dieses Thema im 21. Jahrhundert im Rahmen liberaler Demokratien eigentlich erledigt haben *sollte* und dass entsprechend die Grenzen der diskursiven Toleranz enger gezogen werden müssen (Hand 2007; Drerup 2019c), als dies im prozedural angelegten Rechtfertigungsrahmen der von ihnen favorisierten deliberativen Demokratietheorie und -pädagogik möglich scheint. Selbst wenn man zugesteht, dass im Umgang mit den für die Paradoxie der Demokratieerziehung konstitutiven Spannungen immer auch strategische Konzessionen gemacht werden müssen, so stellt sich doch die Frage, wie sich Schüler als *politisch Gleiche* begegnen sollen, wenn im Klassenraum über die politischen und empirischen Gründe, *ihnen* gleiche Rechte zu- oder abzusprechen, diskutiert wird, und welche positiven Lerneffekte dies für sie haben könnte. Wir können schließlich, müssen aber nicht über alles diskutieren. Manche Kontroversen, die darauf hinauslaufen, bestimmten Gruppen gleiche Rechte vorzuenthalten oder sie zu diskriminieren, sind es nicht wert fortgeführt zu werden. Um dies aber zu begründen, bedarf man exklusiver angelegter Kriterien, wie sie Dearden und Hand mit dem epistemischen Kriterium vorgeschlagen haben.

Das epistemische Kriterium

Dearden führt das epistemische Kriterium wie folgt ein: »[...] ein Sachverhalt ist [offen] kontrovers, wenn über ihn konträre Sichtweisen vertreten werden können, ohne dass diese Ansichten der Vernunft widersprechen. Mit ›Vernunft‹ ist hier nicht etwas Zeitloses und Unhistorisches gemeint, sondern die Gesamtheit des öffentlichen Wissens, der Wahrheitskriterien, der kritischen Standards und der Überprüfungsverfahren, die bis zu einem bestimmten Zeitpunkt entwickelt worden sind«.[30] Anders formuliert: »Ein Sachverhalt ist [offen] kontrovers, wenn über ihn konträre Ansichten vertreten werden können, ohne dass diese der Vernunft widersprechen«.[31] Wenn gegen dieses Kriterium verstoßen wird, so Hand (2007; 2008), und Lehrkräfte eine Position als die einzig richtige propagieren, obwohl die Evidenzen unterschiedliche rational vertretbare Positionen zulassen, verfehlen diese das übergreifende Ziel, Schüler in der Entwicklung der Fähigkeit zu rationaler Reflexion zu unterstützen. Hand geht von der perfektionistisch begründeten Prämisse aus, dass Rationalität nicht nur instrumentell wertvoll, sondern konstitutiv für ein gelingendes Leben ist, woraus er schließt: »Lehrkräfte haben die Pflicht,

30 »[...] a matter is controversial if contrary views can be held on it without those views being contrary to reason. By ›reason‹ here is not meant something timeless and unhistorical but the body of public knowledge, criteria of truth, critical standards and verification procedures which at any given time has been so far developed« (Dearden 1981, S. 85, Übers.: J. D.).

31 »A matter is controversial when contrary views can be held on it without being contrary to reason« (Hand 2007, S. 6, Übers.: J. D.).

Sichtweisen zu unterstützen, für die die relevanten Beweise und Argumente den Ausschlag geben, unabhängig davon, ob es Leute gibt, die aufrichtig gegenteilige Ansichten vertreten«.[32] Hand verbindet mit seiner Deutung und Anwendung des Kriteriums zudem den Anspruch, auch *moralisch-politische* Fragen zu klären. So ist aus dieser Sicht die Debatte über die gleichgeschlechtliche Ehe nicht als kontrovers zu behandeln, da es rational nicht rechtfertigbar ist, Menschen gleiche Rechte vorzuenthalten.

Eingewendet wird gegen das Kriterium, dass es auf eine problematische Parallelisierung der Logik politischer Argumentation (in der Regel niedrigere rationale Begründungserfordernisse) und der Logik wissenschaftlicher Argumentation (hohe Begründungserfordernisse) hinauslaufe (Drerup 2019a). Eine solche Akademisierung politischer Debatten verwechsle die Gepflogenheiten des politischen Machtkampfes mit denen eines philosophischen Seminars, was zu einer Entpolitisierung politischer Debatten und zu einer zu *engen* und *alltagsfernen* Fassung von Kontroversität führe, die zu viele politische Debatten ausschließe (Hess/McAvoy 2015, S. 168). Flankiert wird diese Kritik durch Überforderungsargumente gegen expansionistisch gewendete Ideale kritischer Rationalität (Maßstäbe, denen Lehrkräfte praktisch niemals wirklich genügen könnten), damit verbundene rationalistische Engführungen der Ziele von Demokratieerziehung und durch sogenannte antiperfektionistische Positionen. Letztere bewerten die von Hand propa-

32 »[...] teachers have an obligation to endorse views for which the relevant evidence and argument is decisive, regardless of whether there are people who sincerely hold contrary views« (Hand 2014, S. 79, Übers.: J. D.).

gierte Orientierung an rationalen Formen der Diskussion und Problemlösung (auch in der individuellen Lebensführung) als illegitimen, da nicht hinreichend neutralen Oktroi (Giesinger 2019), was insbesondere zu Lasten religiöser Orientierungen gehen könne (Cooling 2012). Man muss darüber hinaus nicht Anhänger poststrukturalistischer Vernunftkritiken sein, um der Beobachtung beizupflichten, dass die Zu- oder Abschreibung von Vernünftigkeit in politischen Debatten häufig nicht ganz zufällig mit den jeweils propagierten Interessen der Akteure konform geht (Manow 2020) und zu einer Moralisierung von politischen Auseinandersetzungen führen kann (Frick 2017, S. 32), die das Spektrum kontroverser politischer Positionen übermäßig eingrenzen kann.

Hand ist sicherlich dahingehend recht zu geben, dass eine zu weite Fassung des ›Kontroversen‹ zu moralischem Skeptizismus und Relativismus auf Seiten der Schüler führen kann und die zentrale Bedeutung *guter* Gründe und *guter* Begründungen – auch in moralisch-politischen Fragen – für eine gesunde demokratische Kultur ausblendet. Den damit verbundenen rationalistischen Impetus auch auf Fragen des individuellen guten Lebens zu beziehen, scheint zudem angesichts der vielen Irrationalitäten, denen Schüler außerhalb der Schule ausgesetzt sind, durchaus legitim. Wenn ihnen z. B. zu Hause oder in den sozialen Medien erzählt wird, die Unterordnung gegenüber religiösen oder weltlichen Autoritäten sei immer unkritisch zu akzeptieren, Covid-19 sei eine Strafe Gottes oder Bill Gates plane zwecks Gedankenkontrolle Zwangsimpfungen, dann verwischen sich häufig die Grenzen zwischen privat und politisch relevanten Fragen. Es ist dann auch aus Gründen der individuellen Lebensführung angeraten und pädagogisch geboten, diese Irrationalitäten beim Namen zu nennen, statt sie als in den Privatbereich gehörende Positionen zu respektieren. Hand weist zurecht darauf hin, dass es natürlich unsinnige und empirisch falsche Positionen gibt, die man nicht anders als ›unvernünftig‹ und ›nicht moralisch rechtfertigbar‹ qualifizieren kann und aus dem Feld des Diskutablen ausschließen sollte. Jedoch ist die Klasse der Fälle, bei denen man dies zweifelsfrei *allein* auf Basis *epistemischer* Gründe feststellen kann, in politischen Kontexten am Ende sicherlich kleiner, als er annimmt. Es ist zwar plausibel anzunehmen, dass moralisch-politische Positionen, die auf unsinnigen empirischen Annahmen beruhen, selbst fragwürdig werden. Zugleich ist es aber wenig plausibel und läuft wohl auf eine Form von *criteria-stretching* hinaus, anzunehmen, dass es zur Verteidigung von politischen Grundwerten *alleine* ausreicht, epistemische und eben nicht auch dezidiert normative, politische und moralische Gründe vorzubringen. Das theoriearchitektonische Problem der Debatte – nicht nur über das epistemische Kriterium, sondern der angelsächsischen Kontroverse über Kontroversitätsgebote generell – besteht letztlich in der wenig plausiblen Annahme, man könne aus einem *einzigen* Kriterium für alle möglichen Fälle und Themen ableiten, was als kontrovers zu gelten hat und was nicht. Das zentrale Problem des epistemischen Kriteriums liegt daher letztlich auch weniger in der Geltung der damit verbundenen *Ziele*, sondern eher in den überzogenen *Begründungs- und Deduktionsanprüchen* des vertretenen Kriterienmonismus und den damit verbundenen Unklarheiten, wie diese Ziele schulisch im Rahmen disziplin- und fächerspezifischer Rationalitätsstandards praktisch durchzusetzen sind.

Ein alternativer Orientierungsrahmen

Im Folgenden wird daher ein alternativer, pluralistischer Orientierungsrahmen vorgeschlagen, der einen dritten Weg zwischen einer (im Blick auf das verhaltensbezogene Kriterium und das Kriterium der politischen Authentizität) zu weiten und einer (im Blick auf das epistemische Kriterium) zu engen und unspezifischen Fassung von Kontroversität skizziert. Der Orientierungsrahmen ist pluralistisch in dem Sinne, dass er auf die Kopplung eines politischen und eines wissenschaftsbezogenen Kriteriums hinausläuft, welche sich wie folgt ausformulieren lassen:

1. Eine in der politischen Öffentlichkeit diskutierte Frage sollte dann kontrovers diskutiert werden, wenn für sie auf Basis politischer Grundwerte und -prinzipien, die als konstitutiv gelten können für die Ermöglichung eines guten persönlichen und politischen Lebens in liberal-demokratischen Staaten,[33] *keine eindeutige Antwort* abgeleitet werden kann.[34]

33 Damit gemeint sind: zentrale Grund- und Menschenrechte; personale und politische Autonomie, Wertepluralismus sowie Gewaltenteilung, Minderheitenschutz, Rechtsstaatlichkeit u. a.

34 Für verwandte Versionen eines politischen Kriteriums: Archard 2002; Petrovic 2013, sowie auch schon die Diskussion zur normativen Rechtfertigung eines Konsenses in der politischen Bildung in: Schiele/Schneider 1977. Die Grundwerte liberaler Demokratien, die hier liberal-perfektionistisch verstanden und begründet werden, sind gleichwohl in unterschiedlichen politischen Systemen in variierender Form rechtlich kodifiziert, in den politischen Kulturen etabliert und auch in den öffentlichen Bildungssystemen verankert, was ein Indikator für die vielen Auslegungsdiffe-

2. Eine politisch relevante Frage sollte dann kontrovers diskutiert werden, wenn es unterschiedliche vernünftige, d. h. gut begründete und (bestmöglich) empirisch fundierte Sichtweisen auf dieses Thema gibt und wenn die Sachlage in den relevanten wissenschaftlichen Disziplinen – gemäß deren eigenen Rationalitäts-, Methoden- und Argumentationsstandards und Wissensbeständen – *als genuin kontrovers* gilt. Das Unterrichten kontroverser Themen sollte sich daher in didaktisch aufbereiteter Form an den intellektuellen und diskursiven Standards – ›dem intellektuellen Leben‹ (Yacek 2020) und der damit verbundenen Expertise (Tillson 2017; Zimmermann/Robertson 2017) – wissenschaftlicher Disziplinen orientieren.

Beide Kriterien stützen sich – als gleichrangige Kriterien – in ihrer Geltung wechselseitig, was die Notwendigkeit von situationsspezifischen Priorisierungen nicht ausschließen muss. Sie sind nicht als schematisierte Deutungsschablonen zu verstehen, die umfassende Interpretationen und Bewertungen von pädagogischen Situationen und darauf abgestimmte einfache normative Ableitungen ermöglichen, sondern als Orientierungsvorgaben, die relevante normative Gesichtspunkte beschreiben, die je nach Situation anders gewichtet werden können (ohne damit ihre

renzen und -spielräume darstellt, die diese Werte ermöglichen. Daraus folgt jedoch weder eine Beliebigkeit und radikale Flexibilität der Deutungsmöglichkeiten noch, dass es nicht klare Grenzen gibt, ab wann es jeweils nicht mehr plausibel sein kann, von einer liberalen Demokratie und einer auf deren Grundwerte abgestimmten Form der Demokratieerziehung zu sprechen.

grundsätzliche, kontexttranszendierende Geltung einzubüßen).[35]

Mit der Kopplung der beiden Kriterien sind zwei Ziele verbunden:

- eine *epistemische* Zivilisierung von Debatten, um einer politisch motivierten Ausblendung der Realität (McIntyre 2018) entgegenzuwirken (u.a. durch die Unterscheidung von politisch-normativen und empirischen Fragen und die domänenspezifische Limitierung dessen, was als wohlbegründete epistemische Rechtfertigung gilt und was nicht; etwa: ›ich fühle mich halt so‹),
- eine *politische* Zivilisierung von Debatten durch Klärung und Durchsetzung der Grenzen der Toleranz und des Pluralismus in einer liberalen Demokratie.

Diese wissenschaftliche und politische Doppelorientierung führt daher nicht zu einem Skeptizismus hinsichtlich moralischer Fragen, wie Hand gegen politische Kriterien einwendet (2008), da sich rationale Argumentation *und* die Verteidigung von demokratischen Grundwerten nicht wechselseitig ausschließen. Zugleich bedarf es zur Recht-

35 Das hiermit verbundene moderat partikularistisch-kasuistische Caveat, welches nicht mit einem radikalen Situationismus zu verwechseln ist, der die Kriteriendebatte für überflüssig hält (Saetra 2019), richtet sich gegen die praxisferne Vorstellung einer simplen *exercise in deduction* von programmatisch postulierten Kriterien, die die Anwendungs- und Rezeptionskontexte und damit verbundene Vermittlungsprobleme nicht hinreichend berücksichtigt – ohne damit aber den Anspruch auf domänen- und -fächerübergreifende Geltung und Anwendbarkeit aufzugeben.

fertigung politischer Normen – entgegen Hands Annahme – einer eigenen Wertbasis jenseits rein epistemischer Normen, d. h. einer eigenständigen normativen, in diesem Fall liberal perfektionistischen Begründung, die einen normativen *common ground* von Minimalvoraussetzungen festlegt, um zivilisierten Streit überhaupt möglich zu machen – und dies gilt wiederum nicht nur in politischen, sondern auch in epistemischen Fragen. Wenn es um die Darstellung von Kontroversen geht, muss Demokratieerziehung, so die Leitidee, durch die Orientierung an politischen Grundwerten und durch Wissenschaftsorientierung – jenseits radikaler Varianten eines normativen Prozeduralismus (alles steht zur Debatte und was auch immer das Ergebnis der Debatte sein mag, ist legitim) oder epistemologischen Relativismus (›man kann es so oder halt anders sehen‹) – klare Grenzen des legitimerweise kontrovers Verhandelbaren ziehen, was Grundrechte und »Tatsachenwahrheit[en]« (Arendt 2006, S. 23) angeht. »Im politischen Diskurs geht es um Tatsachen und Meinungen, – über Meinungen kann man diskutieren, über Tatsachen nicht, würde man meinen« (Reichenbach 2020a, S. 207). So sollte etwa die Position der türkischen Regierung zum Genozid an den Armeniern genauso wenig offen kontrovers diskutiert werden wie die Frage, ob Angelika Merkel tatsächlich plant, die europäische Bevölkerung durch Flüchtlinge zu ersetzen. Entsprechende Formen der Realitätsverzerrung und -flucht, wie sie etwa von rechtsautoritären Bewegungen propagiert werden (z. B. die Fiktion einer homogenen ›Volksgemeinschaft‹), sollten daher Anlass für Kritik und direktive Unterrichtsformen, nicht aber für eine offene Kontroverse liefern. Die Orientierung an basalen Ansprüchen auf Wahrheit und Wahrhaftigkeit auch in politischen Kontexten ist für Demokratieerziehung konstitutiv, sie gilt verbindlich für den Umgang mit den Schülern (die nicht zu manipulieren und zu täuschen sind), den Umgang der Schüler miteinander und die Praktiken, in denen Schüler lernen müssen, diese Ansprüche in der Auseinandersetzung mit wissenschaftlich approbiertem Wissen rational und intersubjektiv nachvollziehbar zu rechtfertigen (Giesinger 2018a).

Als fächerübergreifende Aufgabe beruht Demokratieerziehung und -bildung damit auch auf der Vermittlung grundlegender *Scientific Literacy*, d. h. von Orientierungsvorgaben im Umgang mit wissenschaftlichem Wissen (Interpretationsbedürftigkeit, Fallibilität und Vorläufigkeit wissenschaftlichen Wissens; Notwendigkeit von epistemischer Arbeitsteilung und eines gewissen Vertrauens in wissenschaftliche Expertisen; vgl. auch die Vorschläge von Benner 2002 und Oulton/Dillon/Grace 2004)[36] und damit verbundenen epistemischen Tugenden (Genauigkeit, Bereitschaft zur Korrektur von Annahmen, die sich als falsch herausstellen etc.), um so *idealiter* Voraussetzungen reflexiver Distanzierung, Prüfung und Korrektur von Überzeu-

36 Zu berücksichtigen ist hier die für die Praxis der Wissenschaft konstitutive Strittigkeit der Gestaltung, Deutung und Anwendung von normativen Vorgaben, d. h. von Methodologien für den Umgang mit Theorien und von sozialen Regeln für das Verhalten von Wissenschaftlern (Ethos der Wissenschaft). Regelwerke enthalten ›in der Regel‹ Regeln und Gegenregeln, Normen und Gegennormen, ohne strikt vorzugeben, welche Regeln in welchen Situationen wie anzuwenden sind. Vgl. hierzu: Mulkay 1980; Spinner 1985.

gungen in der Auseinandersetzung mit Kontroversen bereitzustellen. Dies schützt zwar sicherlich nicht per se vor politischen Verirrungen und garantiert auch nicht politische Toleranz und Zivilität, kann aber zumindest indirekt dazu beitragen, politische Debatten in und außerhalb des Klassenraums zu rationalisieren, indem die Voraussetzungen für einen hinreichend informierten Meinungsaustausch und konstruktiven Streit geschaffen werden.

Die Aufgaben der *praktischen Anwendung* des *wissenschaftsbezogenen Kriteriums* werden einerseits ein Stück weit an die fachspezifischen Fähigkeiten der Lehrkräfte delegiert. Dadurch erhalten diese einen gewissen Spielraum bei der Deutung und im Umgang mit Kontroversen, der aber zugleich durch die Orientierung an fachspezifischen Rationalitätsstandards und Wissensbeständen gegenstandsangemessen eingegrenzt werden sollte. Zugleich können die unterschiedlichen Kontroversen in den Fächern mit ihren jeweils spezifischen Problemvorgaben und -bearbeitungsformen (etwa im Geschichts- oder Religionsunterricht) selbst Exempel für den Umgang mit Kontroversität bieten (Grammes 2014) und Lerneffekte nach sich ziehen, was relevante Unterschiede zwischen Überzeugungs- und Argumenttypen, Geltungsansprüchen, deren Grenzen und den Umgang mit unterschiedlichen Konflikttypen (religiös, ethisch, politisch, etc.) angeht (Frick 2017). So kann ein und dasselbe Thema wie etwa der Klimawandel ausgehend von unterschiedlichen in den Fächern kultivierten Modi der Weltbegegnung und darin eingelagerten Rationalitätsformen (etwa kognitiv-instrumentell, ästhetisch-expressiv, evaluativ-normativ) neue Horizonte des Weltverstehens eröffnen (Baumert

2002, S. 106) und mit variierenden Akzentuierungen diskutiert werden, ohne die kontexttranszendierende Geltung der beiden Kriterien aufzuheben. Mit dieser Arbeitsteilung, die auch fächerübergreifend zwischen den Fächern und Fachdidaktiken organisiert werden kann (Hellmuth 2017), kann man den Vorwurf entkräften, dass das Spektrum kontroverser Fragen auf Basis dieses Kriteriums zu eng gefasst wird.

Die Fächerbindung des Kriteriums geht als Form der Wissenschaftsorientierung und Wissenschaftspropädeutik (Juchler 2014) weder von der unrealistischen und überfordernden Annahme aus, Lehrkräfte – die ja selbst keine Fachwissenschaftler sind – könnten oder sollten die Gepflogenheiten fachwissenschaftlicher Kommunikation im Unterricht reproduzieren, noch propagiert sie eine rationalistische Engführung von Demokratieerziehung. Lehrkräfte sollen sich nur bei der Auswahl und Darstellung von Positionen und Kontroversen idealiter an den Vorgaben und Ergebnissen wissenschaftlicher Debatten orientieren (Tillson 2017). Als *eine* – wenn auch zentrale – Leitorientierung für den Umgang mit kontroversen Themen ist sie kompatibel mit unterschiedlichen Praxisformen, die sich in ihrer Ausgestaltung gleichwohl an *beiden* Kriterien zu orientieren haben. Bei der Anwendung des wissenschaftsbezogenen Kriteriums stellen sich unweigerlich Probleme der Auswahl und Präsentation von komplexen Inhalten, der domänenspezifischen Kanonisierung. Die Notwendigkeit didaktischer Aufbereitung im Rahmen von Wissenschaftsorientierung und -propädeutik birgt die Gefahr, dass maßgebliche Positionen ausgeklammert werden, dass – relativ zum Entwicklungs- und Wissensstand der Schüler und gemessen am jeweiligen Stand der wissenschaftlichen Diskussion – Kontroversen übermäßig schematisiert, vereinfacht bzw. verfälscht werden (Gruschka 2019, S. 80). Eine ›vollständige‹ Darstellung von Kontroversen ist nicht nur in pädagogischen Kontexten eine unrealistische Zielvorgabe (Weißeno 1996). Man kann offenlegen und begründen, dass bestimmte Positionen aus didaktischen und pragmatischen Gründen (etwa: mangelnde Zeit) nicht thematisiert werden (Grammes 2014). Dies kann dann auch wiederum Anlass geben für eine offene Diskussion über Sinn und Berechtigung einer solcher Einschränkung von Multiperspektivität, die sich korrigieren lässt. Kritiker der Auswahl und didaktischen Aufbereitung von Kontroversen sollten außerdem beachten, dass diese nicht nur pädagogisch notwendig und geboten sind, sondern auch, dass die Kritiken selbst häufig auf Diskurs- und Bildungsidealen basieren, die – gerade mit Bezug auf pädagogische Kontexte – übermäßig voraussetzungsreich und unrealistisch sind oder auch manchmal eine latent antipädagogische Stoßrichtung aufweisen (hierzu auch: Drerup 2012).

Mit Blick auf die *Anwendung* des *politischen Kriteriums* ist offensichtlich, dass es in vielen Fällen Graubereiche gibt, über deren angemessene Deutung legitimerweise gestritten werden kann und sollte, was daher als demokratischer Normalfall anzuerkennen ist. Was aus dem politischen Kriterium folgt, ist nicht immer eindeutig – auch weil Grundwerte selbst miteinander in Konflikt geraten können und nicht als überzeitlich-ahistorische Konfliktbeilegungsinstanzen misszuverstehen sind – und muss daher in vielen Fällen in offenen Kontroversen diskutiert werden. So gibt es z. B. bei migrationspolitischen Fragen eine Reihe von vertretbaren Positionen, die sich nicht ohne weiteres aus politischen Gründen als nicht kontrovers ausflaggen lassen. Dies gilt selbstverständlich für das Gros von Konflikten über ethische, moralische, politische und religiöse Fragen, die sich nicht ohne weiteres auflösen lassen. Auch aus dem Faktum, dass bei einem Thema wissenschaftlich weitgehend Konsens herrscht, folgt nicht, dass dies auch für alle Fragen des *politischen* Umgangs mit diesem Thema gilt (z. B. Kontroversen über den Klimawandel; Kap. 2.2). Eine zentrale Herausforderung und Aufgabe von Demokratieerziehung besteht darin, dass Schüler lernen müssen, unterschiedliche politisch akzeptable Sichtweisen zu tolerieren und zugleich Grenzen der Toleranz zu ziehen, d. h. zu sehen, was definitiv nicht mehr mit basalen Grundwerten liberaler Demokratie zu vereinbaren ist (etwa antisemitische Positionen). Deshalb sollten auch solche Positionen, die die Geltung einer auf diese Grundwerte abgestimmten Demokratieerziehung und einer förderungswürdigen demokratischen Streitkultur aus welchen Gründen auch immer radikal ablehnen, nicht gleichberechtigt diskutiert werden mit Positionen, für die dies nicht zutrifft. Bei allen legitimen Verweisen auf Graubereiche und Grenzfälle muss daher klar sein, dass weder in politischen noch in pädagogischen Fragen *jeder* Fall ein Grenzfall ist und es folglich auch klare Fälle gibt (z. B. offensichtliche Formen von Rassismus), wo es keine offene und unparteilich organisierte Kontroverse geben sollte.[37] Eine kritische Orientierung an und die Iden-

37 Mit Rekurs auf Grundwerte zu argumentieren ist natürlich nicht ohne Risiken, da auf diese Art und Weise Debatten *in* Demokratien schnell in Debatten *über* Demokratien und ihre normativen Grundlagen umgeformt werden können, die auf Grund ihres Ex-

tifikation mit politischen Grundwerten stellt so den Ausgangspunkt dar für den Umgang mit Kontroversen im Unterricht und die Festlegung der Grenzen von Kontroversität.

Beide Kriterien sind auch domänenspezifisch in der Weise *gradierbar*, dass sie ein höheres oder niedrigeres Maß von Kontroversität zulassen. So kann ein Thema z. B. in politischer Hinsicht nahezu vollständig unkontrovers sein, in wissenschaftlicher Hinsicht jedoch einen größeren und geringeren Spielraum für Kontroversen zulassen. Daraus, dass ein Thema in politischer Hinsicht weitgehend unkontrovers ist, folgt entsprechend nicht, dass seine wissenschaftliche Kontroversität nicht berücksichtigt werden sollte (und umgekehrt). Im Gesamtrahmen der klassischen drei Leitprinzipien des Beutelsbacher Konsenses lässt sich diese Fassung des Kontroversitätsgebots verstehen als eine von drei regulativen Ideen (Grammes 2014), deren Realisierung man – insbesondere wenn man längere Zeiträume und die

klusionspotenzials – der politische Gegner wird als Feind liberaler Demokratie klassifiziert – sich schnell zu gefühlten oder realen Krisen der Demokratie wandeln können (Manow 2020). Dennoch gilt, dass bestimmte Formen der Exklusion und der Grenzziehung legitim sein müssen: »Aber man beachte, dass die klare Grenzziehung zwischen akzeptablen und schlicht inakzeptablen Haltungen idealerweise auch ein deutliches Signal an die Populisten sendet: es wird nie möglich sein, mit ihnen zusammenzuarbeiten, solange sie sich nicht von ihrem Antipluralismus (und konkret: ihrer Volksverhetzung und ihren Verschwörungstheorien) verabschieden. Aber man schließt sie nicht für alle Ewigkeiten aus; der Ball liegt in ihrer Hälfte; es ist an ihnen, sich zu ändern« (Müller 2019, S. 105).

Notwendigkeiten der altersgerechten[38] didaktischen Aufbereitung berücksichtigt – graduell konzipieren muss. Sie lassen sich in der Regel nicht immer *vollständig* und vor allem auch nicht alle zugleich realisieren, zumal sie zuweilen gegeneinander abgewogen und unter Praxisbedingungen und damit verbundenen Einschränkungen (Handlungsdruck, Zeitknappheit etc.) situationsangemessen angewendet werden müssen. Das Indoktrinationsverbot und das davon kaum zu trennende Kontroversitätsgebot müssen dabei zwar keineswegs *notwendig* mit dem Prinzip der Schülerorientierung kollidieren, zumindest wenn dieses konform zu den oben ausformulierten Zielen von Demokratieerziehung und demokratischer Bildung verstanden und umgesetzt wird (und nicht etwa im Sinne eines wie auch immer begründeten Partizipationszwangs). Ein Harmoniemodell jedoch, welches nur absolute Vorgaben und pädagogische Idealwelten kennt und schon deshalb glaubt, Prinzipienkollisionen, Konflikte und Spannungen per se ausschließen zu können, dürfte am Ende wenig praxistauglich sein. Jede Gewichtung von Prinzipien, jede Spezifikation von Kriterien der Kontroversität und jede damit verbundene Abstimmung von Kontexten, Mitteln und Zielen ist mit normativen Kosten verbunden. Wer z. B. glaubt, im

38 Die Frage, ab wann es entwicklungspsychologisch angemessen und pädagogisch legitim ist, Kindern die Auseinandersetzung mit kontroversen Themen zuzumuten, wird selbst kontrovers diskutiert. Die Annahmen changieren zwischen 5 und 16 Jahren. Auch wenn es hier zwar sicherlich auch auf das spezifische Thema ankommt, spricht wenig dagegen, dass nicht auch schon kleinere Kinder pädagogisch vorbereitete Diskussionen führen können (Cowan/Maitles 2012).

Namen der Interessenvertretung Schüler zum ›Widerstand gegen das System‹ aufrufen oder zu ›Kämpfern für soziale Gerechtigkeit‹ machen zu können oder zu dürfen, ohne dabei gegen das Indoktrinationsverbot oder das Kontroversitätsgebot zu verstoßen, der wird in aller Regel einem pädagogischen Selbstmissverständnis unterliegen, das gleichwohl insbesondere in bildungsphilosophischen Debatten bis heute verbreitet ist. Wer die Kriterien für Kontroversität dagegen im Namen hochfliegender Ideale des rationalen und auf Emanzipation angelegten Diskurses so hoch anlegt, dass von dieser Warte aus im Endeffekt *nie* von einer angemessenen und legitimen Diskussion kontroverser Fragen im Unterricht gesprochen werden kann, kann sich zwar immer auf der richtigen Seite wähnen, argumentiert jedoch zugleich an den realistischen Möglichkeiten pädagogisch strukturierter Diskussionen vorbei. Dies gilt auch für verwandte Positionen, die behaupten, Demokratieerziehung und Indoktrination ließen sich ohnehin nicht unterscheiden und voneinander trennen, so als ob sich keine qualitativen pädagogischen Differenzen zwischen Erziehung in Diktaturen und in Demokratien ausmachen ließen.

Einwände

Mit den Stichworten »Indoktrination« und »Neutralität« sind auch zwei Einwände genannt, die in der öffentlichen Debatte über kontroverse Themen im Unterricht immer wiederkehren. Behauptet wird, der Beutelsbacher Konsens liefere darauf keine hinreichend klaren Antworten (was teilweise auf politisch motivierte Indienstnahmen, teilweise auf Fehlrezeptionen der relevanten Prinzipien, teilweise aber auch auf die Deutungsoffenheit und Unklarheit des BKs zurückzuführen ist). Mit ähnlichen Vorbehalten muss sich auch der hier in Grundzügen skizzierte Orientierungsrahmen auseinandersetzen.

Der Begriff der Indoktrination wird in der Debatte häufig hochgradig unklar gebraucht. Manchmal wird schon die bloße Diskussion (z. B. über Fragen der Sexualerziehung) einer bestimmten Frage als Indoktrination gewertet (Hess 2004). Entsprechende Vorwürfe werden in vielen Fällen gerade von solchen politisch interessierten Gruppen vorgebracht, denen man selbst indoktrinäre Absichten unterstellen kann. Mit Blick auf die oben diskutierten Kriterien stellt sich insbesondere das Problem, ob durch Demokratieerziehung in Form eines direktiv ausgerichteten Unterrichts die legitimitätssichernde Zustimmung zu den damit verbundenen Normvorgaben und Grundwerten selbst hervorgebracht wird (Brighouse 1998), was dann gegebenenfalls als Form des *manufacturing consent* oder der Indoktrination gewertet werden könnte (vgl. Merry 2020).

Gegen diesen Vorwurf können verschiedene Repliken geltend gemacht werden. Die erste beruht auf einer Klärung des Indoktrinationsbegriffs: »Indoktrination kann [...] verstanden werden als ein System von Praktiken und Arrangements zur Durchsetzung von in der Regel doktrinär gerechtfertigter Machtausübung gegenüber Adressaten. Sie operiert mit Vorgaben und Formen der Begründung, die darauf gerichtet sind, sich und die Gründe ihrer vermeintlichen Geltung und Verbindlichkeit gegen Kritik zu immunisieren und auf Seiten der Adressaten die für sie möglichen Optionen und den ihnen reflexiv zugänglichen

Raum der Gründe irreversibel, konträr zu den verfügbaren Evidenzen und auf Basis primär machtpolitischer und nicht sachlogisch begründeter Kriterien der Akzeptanz vorzustrukturieren und einzuschränken« (Drerup 2018a, S. 15).

Das *wissenschaftsbezogene Kriterium* kann – folgt man diesem Definitionsvorschlag – als ein dreifacher Indoktrinationsblocker verstanden werden:

1. durch die mit der Wissenschaftsorientierung gegebenen Bindung an fächereigene und übergreifende Rationalitätsstandards, denen man auch aus historischer Sicht antiindoktrinäre Effekte zuschreiben kann (Baumert 2002; Tenorth 2008),
2. durch die Einforderung einer angemessenen wissenschaftsorientierten Begründung von Positionen, wodurch Versuche einer Selbstimmunisierung gegen Kritik – auch in politischen Fragen – ausgeschlossen werden und
3. durch Methoden und Inhalte, die diesen Maßstäben entgegenkommen (z. B. an sachlogisch angemessenen Kriterien orientierte Praktiken des Erklärens und Begründens).

Darüber hinaus sollte die angemessene pädagogische Anwendung des *politischen Kriteriums* selbst sich an den pädagogischen Zielvorgaben der personalen *und* politischen Autonomie orientieren, die auch im pädagogischen Vermittlungsprozess zu respektieren sind. Die damit verbundene Forderung nach einer Minimierung von Zwang und autonomiekonformer Ausgestaltung direktiver pädagogischer Praktiken und Arrangements ist auch darin begründet, dass autoritäre Erziehungsformen und -stile erwartbar Einstellungsmuster hervorbringen, die als antidemokratisch und antiliberal qualifiziert werden können. Liberale Demokratien sind jedoch auf die generationenübergreifende Reproduktion von demokratieaffinen Lebensformen angewiesen, ohne deren »weitestgehende Entfaltung [...] an eine auch nur begrenzte Kontrolle politischer Institutionen nicht zu denken« ist (Brumlik 2018, S. 46)[39]. Der Fokus auf personale und politische Autonomie impliziert jedoch nicht, dass es hier keine bevorzugte Tendenz und keine Hinführung zur Akzeptanz liberal-demokratischer Grundwerte geben darf, auch wenn deren rationale Kritik – in welcher Form auch immer – nicht per se ausgeschlossen werden darf. Da auch demokratiepädagogische Konstellationen asymmetrische Konstellationen bleiben und die Bindung an demokratische Grundwerte im Endeffekt nicht ausschließlich auf rationaler Zustimmung basieren dürfte, sondern auch der Erziehung und Bildung der Emotionen bedarf,[40] verbleibt hier eine in der klassischen pädagogischen Paradoxie[41] selbst angelegte Spannung. Diese verweist letztlich auf ein zirkuläres Element in den gängigen Konzeptionen mit Bezug auf die generationenübergreifende Reproduktion der normativen und legitimitätssichernden Grundlagen liberaler Demokratien.

39 Zur Debatte über ›Demokratie als Lebensform‹ vgl. Himmelmann 2017.

40 Eine solche Erziehung kann jedoch durchaus autonomiekonform gestaltet werden: Drerup 2020b.

41 Diese hat Kant in der bekannten Frage zusammengefasst: Wie kultiviere ich die Freiheit bei dem Zwange? Hierzu: Drerup 2013.

Aus Sicht des liberalen Perfektionismus stellt dies jedoch kein unüberwindbares Problem dar, da anders als in manchen deliberativen und politisch liberalen Modellen nicht vom Postulat der Neutralität in Fragen der Bewertung von Lebens- und Erziehungsformen ausgegangen wird. Der Abbau von pädagogisch und politisch nicht gerechtfertigten Einschränkungen der Autonomie und die gleichzeitige Förderung der Grundwerte liberaler Demokratien schließen sich nicht wechselseitig aus. Sie repräsentieren Zielperspektiven eines in den Bildungssystemen liberaler Demokratien durchzusetzenden pädagogischen und politischen Fortschritts, dessen *radikale* Infragestellung – etwa im Namen von Vergleichen mit der Erziehung in Diktaturen – als Ausdruck von politischen Ressentiments, normativer Orientierungslosigkeit und mangelnder begrifflicher Klarheit zu werten sein dürfte. Weniger (Deutungs-)Spielraum und Offenheit mit Bezug auf das legitime Spektrum von Kontroversität und Zustimmungs*würdigkeit* bringen dann sicherlich selbst Anschlussprobleme und -konflikte mit sich (z. B. mit Mitgliedern eher traditionaler Gemeinschaften), erlauben aber auch, sich klarer von Gegnern liberaler Demokratien abzugrenzen, die Indoktrinationsvorwürfe als trojanische Pferde zur Durchsetzung illiberaler Doktrinen zu nutzen wissen.

Der Vorwurf mangelnder Neutralität wurde in letzter Zeit vermehrt angesichts des Erfolgs rechtspopulistischer Bewegungen und Parteien diskutiert. So wird nicht nur in Deutschland politischer Druck auf Lehrerinnen und Lehrer ausgeübt, denen – so das gängige auch aus der Medienkritik bekannte Narrativ (›Lügenpresse‹) – politische Parteilichkeit vorgeworfen wird. Entsprechende Vorwürfe werden mit symbolpolitischen Maßnahmen (z. B. Aufrufe, Lehrkräfte auf Online-›Meldeportalen‹ anzuzeigen) verbunden, die an Denunziationspraktiken in Diktaturen erinnern, um so eine Atmosphäre des Verdachts und der Verunsicherung zu erzeugen und das Spektrum der noch als demokratisch geltenden Positionen auszuweiten. Der Vorwurf mangelnder Neutralität – und das geht auch aus dem dargestellten Orientierungsrahmen hervor – beruht jedoch oft auf einem grundlegenden Missverständnis. Die normativen Grundlagen von Demokratieerziehung sind selbstverständlich selbst nicht neutral, weder inhaltlich noch im Sinne von strikter Rechtfertigungsneutralität (Drerup 2018b). Sie repräsentieren und stützen liberal-demokratische Grundwerte, die Lehrkräfte an öffentlichen Schulen zu verteidigen haben. Der gängige Schluss von der Förderung der Loyalität gegenüber liberal-demokratischen Grundwerten (und damit verbundener ›Unausgewogenheit‹) auf das Vorliegen von Indoktrination ist – wie oben dargelegt – ein Fehlschluss. Eine ›Unausgewogenheit‹ in der Darstellung von Kontroversen ist geradezu geboten in Fällen, in denen gegen diese Grundwerte verstoßen wird, wenn z. B. die gleichen Rechte und Freiheiten von Gruppen aus rassistischen Gründen in Frage gestellt werden oder mit offenkundig politischer Motivation geschichtsrevisionistische Thesen propagiert werden. In diesen und ähnlichen Fällen ist Parteinahme und nicht Toleranz oder Neutralität geboten (Engartner 2020; so auch aus rechtlicher Perspektive: Wieland 2019; Wrase 2020). Lehrkräfte dürfen und sollen daher auch in solchen Fällen politisch Stellung beziehen *und* – da auch hier beide Kriterien zu berücksichtigen sind – dies zugleich mit der gebotenen Sachlichkeit und in rational nachvollziehbarer Weise begründen.

Was hieraus für die praktische Gestaltung von Diskussionen und den pädagogisch klugen Umgang mit kontroversen Themen im Unterricht konkret folgt, bedarf aufgrund der Differenzen und Vermittlungsprobleme zwischen der theoretischen Klärung, der Legitimation, der Durchsetzung und der kontextsensiblen Anwendung von normativen Kriterien einer eigenen Diskussion, die Gegenstand des nächsten Kapitels ist.

Kriterien der Kontroversität im Überblick

- *Verhaltensbezogenes Kriterium:* Alle Fragen, die in der Öffentlichkeit kontrovers diskutiert werden, sollen auch im Unterricht kontrovers diskutiert werden
- *Kriterium der politischen Authentizität:* Es sollen nur solche Fragen im Unterricht kontrovers diskutiert werden, die hinreichend in der politischen Sphäre liberaler Demokratien (z.B. als Thema politischer Bewegungen, in Parlamentsdebatten und politischen Entscheidungsprozessen) verankert sind
- *Epistemisches Kriterium:* Fragen, auf die es unterschiedliche rational begründete Antworten gibt, sollen im Unterricht kontrovers diskutiert werden
- *Kriterium der Wissenschaftsorientierung:* Fragen, auf die es in wissenschaftlichen Fachdebatten konform zu wissenschaftlichen Standards und Methoden unterschiedliche Antworten gibt, sollen auch im Unterricht kontrovers diskutiert werden

- *Politisches Kriterium:* Alle Fragen, auf die mit Rekurs auf politische Grundwerte liberaler Demokratien unterschiedliche Antworten gegeben werden können, sollen im Unterricht kontrovers diskutiert werden

2 Konstruktiv streiten lernen: Praktische Herausforderungen und Beispielfälle

2.1 Zur Praxis dialogischer Demokratieerziehung

Wie also sollen Lehrerinnen und Lehrer mit kontroversen Themen im Unterricht praktisch umgehen und wie lassen sich die Ziele von Demokratieerziehung und -bildung methodisch im Unterricht umsetzen, um die Schüler dabei zu unterstützen, konstruktiv streiten zu lernen? Auf diese Fragen gibt es – so viel sei vorneweg klargestellt – keine einfachen und einheitlichen Antworten, die etwa im Sinne einer Rezeptsammlung ohne größeren Vermittlungsaufwand einfach in die Praxis überführt werden könnten. Zu vielfältig sind die Kontexte und zu komplex die Praxis- und Verlaufsformen, die Aufgaben und Herausforderungen, die mit dem Unterrichten kontroverser Themen – sei dies nun geplant oder ungeplant – verbunden sind. Lehrkräfte müssen bei der Themenwahl, der praktischen Initiierung und Gestaltung der Kontroversen die konkreten (Vor-)Erfahrungen, das Wissen und die Sensibilitäten der Schüler, die Zusammensetzung der Lerngruppe (etwa Homogenität oder Heterogenität der politischen Ansichten), das Streitpotenzial des Themas (z. B. eher polarisierend oder nicht), einschränkende Bedingungen (etwa rechtliche, ethische und curriculare Vorgaben) und Gegebenheiten des soziopolitischen Kontextes (politische Diskurskonstellationen, Sichtweisen der Eltern) berücksichtigen. Sie können auch je nach Kontext unterschiedliche Rollen einnehmen und sich unterschiedlicher Unterrichtsstile, Methoden und Sozialformen bedienen, deren Auswirkungen sie in der Regel nur eingeschränkt antizipieren können. Es gibt insofern nicht nur *einen* richtigen Weg, mit kontroversen Themen im Unterricht umzugehen, sondern viele bessere und schlechtere, angemessenere und weniger angemessene Wege. Sie sind aber nicht beliebig und sind – trotz aller Zufälligkeiten des pädagogischen Alltags – auch pädagogischer, professionsethisch verankerter Prüfung und Kritik zugänglich.

Im Folgenden gebe ich zunächst einen Überblick über unterschiedliche Sozial- und Praxisformen, Methoden und Manuale, die für die Gestaltung von Diskussionen über kontroverse Themen genutzt werden können, und erläutere, welcher Part dabei u. a. der pädagogischen Urteilsfähigkeit zukommt. Zweitens formuliere ich, gestützt auf die einschlägige empirische Forschung, generelle Leitlinien und Voraussetzungen für eine gelingende und effektive Diskussion kontroverser Themen und stelle – drittens – pädagogische Fehlformen vor, die man möglichst vermeiden sollte. Viertens werden praktische Probleme und Dilemmata diskutiert, mit denen Lehrkräfte in ihrer Rolle als politische und epistemische Autoritäten im Umgang mit sensiblen Themen und mit intoleranten, antiliberalen und antidemokratischen Einstellungsmustern in Unterrichtsdiskussionen konfrontiert werden. Beschlossen wird das Kapitel mit einer Analyse von strukturellen Problemen, die einer gelingenden Diskussion kontroverser Themen im Unterricht entgegenstehen. Durchgängig gerahmt wird die Diskussion dieser Fragen durch die Orientierung an den Zielen von Demokratieerziehung und den im letzten Kapitel formulierten Kriterien, die in der

Auseinandersetzung mit praktischen Herausforderungen konkretisiert werden.

Manuale, Methoden und pädagogische Urteilsfähigkeit

In den Fachdidaktiken sind eine Reihe von unterschiedlichen Ansätzen zur pädagogischen Gestaltung der Diskussion kontroverser Themen entwickelt worden. Im Rahmen der Fachdidaktik der politischen Bildung ist etwa die Konfliktorientierung zu nennen, der als fachdidaktischem Prinzip die Methode der Konfliktanalyse als »Aufschließen« eines aktuellen Konflikts »mithilfe von Kategorien« zugeordnet wird (Reinhardt 2019, S. 91). Ausgehend von der Konfrontation mit einem politisch relevanten Konflikt sollen Schüler lernen, diesen entlang politischer Kategorien (Macht, Interesse etc.) zu analysieren, kontextuell einzuordnen, als Kontroverse zu beschreiben und auszutragen. Kontroversität kann in diesem und anderen didaktischen Ansätzen in unterschiedlicher Form methodisch in Lernumgebungen übersetzt werden:

Methoden des Umgangs mit Kontroversität

- Öffentliche Gesprächsformen, z. B. Pro-Contra-Debatte, Podiumsdiskussion, Talkshow, Fishbowl, Tribunal u. a.;
- Dilemma-Methode als strukturiertes Verfahren zur Klärung gleichgewichtiger Werte;
- Streitschlichtung und Mediation, um soziale Konfliktlösungskompetenzen und Entscheidungstechniken zu trainieren;

- Provokationen und konfrontierendes Lernen im politischen Theater und Kabarett, in Comedy und Satire oder politischen Karikaturen (Grammes 2014, S. 271).

Im Rahmen von Dilemma-Diskussionen werden z. B. Entscheidungssituationen präsentiert, bei denen mindestens zwei miteinander unvereinbare Entscheidungen oder zwei miteinander unvereinbare ethische Urteile gleichermaßen plausibel erscheinen. In Fishbowl-Diskussionen wird ein Thema vorgegeben, welches vier bis sechs Schüler in einem Innenkreis (im »Goldfisch-Glas«) z. B. ausgehend von zugewiesenen Diskussionspositionen diskutieren, während die übrigen Teilnehmer in einem Außenkreis die Diskussion beobachten (Gronostay 2019). Darüber hinaus lassen sich Texte, Bilder oder Filme methodisch nutzen oder auch Gastredner einladen, mit denen diskutiert werden kann.

Diese und andere methodische Arrangements zur Förderung von diskursiven Lern- und Bildungsprozessen können an die jeweilige Schulstufe, die entwicklungspsychologischen Voraussetzungen und die Zusammensetzung der Schülerschaft angepasst werden. Sie lassen sich in vielen Fällen auch in digitalen Formaten umsetzen. Hinsichtlich der Form ihrer pädagogischen Umsetzung lassen sie sich einordnen nach eher lehrer- oder schülerzentrierten, eher gelenkt-strukturierten oder eher offenen Formaten. Je mehr sich der Lehrer oder die Lehrerin in der Kontroverse zurückhält, je diskursiver der Unterrichts- und Erziehungsstil und je weniger strukturierend – etwa durch die Auswahl der Fragen und die metaphorische Rahmung der Themen – eingegriffen wird, desto schülerzentrierter und offener gerät die Kontroverse. Die Unterscheidung zwischen direktiven und nicht direktiven Formen des Unterrichtens ist dabei als Metakategorie zu verstehen, die die explizite oder implizite *Lenkungsabsicht* der Lehrkraft betrifft, nicht aber die spezifische Form ihrer operativen Umsetzung (Hand 2008). So können pädagogisch motivierte Unterlassungen und sogar ein Laissez-faire-Diskussionsstil durchaus mit einer direktiven Absicht verbunden sein, etwa wenn die Lehrkraft sich hiervon das gewünschte Ergebnis der Kontroverse verspricht.

Zu geeigneten Formaten und ihrer praktischen Umsetzung gibt es eine Reihe von online frei verfügbaren Manualen und Fortbildungsmaterialien (etwa Europarat 2015 und 2018), die hilfreiche und instruktive Hinweise und Übungen für das Unterrichten kontroverser Themen liefern und Vorschläge machen für darauf abgestimmte Möglichkeiten der Veränderungen der Organisation und Kultur von Schule. So sehr diese und andere Manuale auch empfohlen werden können, so sehr muss man jedoch auch darauf hinweisen, dass in der Regel unklar bleibt, auf Basis welcher Kriterien Lehrer entscheiden können, ob ein Thema direktiv oder nicht direktiv unterrichtet werden sollte. So finden sich in einigen Manualen sogar Beispiele, die nahelegen, dass offensichtlich illegitime Sichtweisen gleichberechtigt dargestellt werden sollten (etwa nach dem Muster: »Was spricht für oder gegen Mobbing von Schülern?«; vgl. hierzu Hand 2008), was kaum zur Nachahmung zu empfehlen ist. Schematisierte Praxisvorgaben und ›Rezeptologien‹ – dies legen auch einschlägige Analysen zur praktischen Umsetzung des Kontroversitätsgebots nahe (hierzu: Weißeno 1996; Reinhardt 2019) – sind deshalb immer mit Vorsicht zu genießen. Sie können einen professionellen, d. h. eigenständigen, reflektierten und an Kriterien orientierten Umgang mit Kontroversität nicht ersetzen. Wie Kontroversität in einem bestimmten Fall gedeutet werden soll, wo die Grenzen einer multiperspektivischen Darstellung einer Debatte zu ziehen sind und wo gegebenenfalls aufgrund von Einseitigkeiten z. B. des Unterrichtsmaterials Korrekturen vorgenommen werden sollten, wann eine Kontroverse den Schülern zugemutet werden kann oder nicht, und auch wie dies methodisch in einem bestimmten Unterrichtskontext zu konkretisieren und didaktisch aufzubereiten ist, all das sind Herausforderungen und Aufgaben, die sich nicht von außen *für*, sondern *nur durch Lehrkräfte selbst* entscheiden lassen, was natürlich kollegiale Kritik nicht ausschließt. Eine angemessene methodische Konkretisierung und situationskluge Umsetzung von Kontroversitätsgeboten erfordert von Lehrerinnen und Lehrern immer wieder aufs Neue die Abstimmung zwischen Kontextgegebenheiten mitsamt erwartbaren Folgen und den Zielen von Demokratieerziehung (Hess/McAvoy 2015), d. h. vor allem pädagogische und auch politische *Urteilsfähigkeit*, die am Ende nur in Praxiszusammenhängen erlernt und verbessert werden kann. Die pädagogische Kunst des angemessenen Umgangs mit Kontroversen im Unterricht erlernt man nicht am Schreibtisch, sondern – genauso wie die Kunst des konstruktiven Streitens – nur durch die Praxis und Erfahrung im Umgang mit konkreten Kontroversen. Dies entbindet Lehrkräfte selbstverständlich nicht von der Aufgabe, sich angemessen auf die relevanten Herausforderungen vorzubereiten. Was sie beachten müssen, wenn sie kontroverse Themen im Unterricht auf eine effektive und gelingende Art und Weise diskutieren wollen, ist Gegenstand des nächsten Kapitels.

Kontroverse Themen im Unterricht: Manuale und Materialen

Europarat (2015): *Unterrichten kontroverser Themen*, Strasbourg: Council of Europe

- Bietet Lehrkräften hilfreiche Praxisbeispiele, Materialien und Methoden für einen professionellen Umgang mit kontroversen Themen im Unterricht
- Online verfügbar unter: rm.coe.int/16806cb5d5

Europarat (2018): *Umgang mit Kontroversen*, Strasbourg: Council of Europe

- Bietet Schulleitern und Führungskräften nützliche Orientierungs- und Gestaltungsvorgaben zum Umgang mit Kontroversen im Kontext Schule
- Online verfügbar unter: rm.coe.int/umgang-mit-kontroversen-strategieentwicklung-zum-umgang-mit-kontrovers/16809204e9

Das Projekt *Justice in Schools* der Harvard Graduate School of Education

- Bietet aus Sicht der Pädagogischen Ethik eine Reihe von hilfreichen Praxisbeispielen und Materialen für einen reflektierten Umgang mit kontroversen Themen in der Schule
- Online: www.justiceinschools.org

Die einschlägige qualitative und quantitative Forschung legt, ähnlich wie die philosophische Debatte (Gregory 2014), die Annahme nahe, dass Lehrerinnen und Lehrer auf sehr vielfältige Art und Weise praktisch mit kontroversen Themen im Unterricht umgehen können, dabei auf sehr unterschiedliche Methoden und auch unterschiedliche Kriterien bei der Auswahl und Bestimmung dieser Themen als kontrovers oder nicht zurückgreifen (z. B. Hess 2002; 2009; Hess/McAvoy 2015; Kello 2016). Angesichts der Vielfalt der mit divergierenden Praxisformaten verbundenen Lernerfahrungen und der Vielzahl der Ziele, die sich mit der Diskussion kontroverser Themen in unterschiedlichen Fächern verbinden lassen, mag es zunächst schwierig erscheinen, pauschal allgemeine Gütekriterien für einen methodisch angemessenen und effektiven Umgang mit Kontroversen festzulegen (auch weil dies wiederum selbst Gegenstand von Kontroversen ist). Aus politikdidaktischer Sicht wird man z. B. erwarten, dass relevante politische Konzepte (Macht, Legitimität etc.) diskutiert werden sollten, aus Sicht der Religionsdidaktik religiöse und theologische Konzepte. Eher kompetitive Formate mögen tendenziell weniger qualitätsvolle Argumentationen ermöglichen als kooperative, dafür aber z. B. bei zugewiesenen Diskussionspositionen die Erfahrung ermöglichen, was es bedeuten kann, eine Minderheitenposition zu vertreten.[42] Eine höhere Regulierung der Diskussion durch Lehrer kann zu

42 Diese Überlegungen verdanke ich Gesprächen mit Dorothee Gronostay.

einem höheren Diskussionsniveau und insgesamt mehr Partizipation durch eine größere Zahl von Schülern führen, geht dafür aber auch mit weniger genuiner Diskussion *zwischen* den Schülern einher (Schuitema et al. 2018). Dennoch lassen sich im Rückgriff auf die empirische Forschung zu Best-Practice-Beispielen (Hess 2002; 2009; Hand/Levinson 2012; Hess/McAvoy 2015; Saetra 2020; Pace 2021) generelle Leitlinien für einen auf die genannten Ziele von Demokratieerziehung ausgerichteten erfolgversprechenden Umgang mit Kontroversen im Unterricht benennen. Lehrkräfte, für die Kontroversen im Unterricht wichtige Bestandteile ihrer Lehrpraxis sind und die über Erfahrung und Übung mit den relevanten pädagogischen Arrangements verfügen, legen zwar unterschiedliche Akzente bei der methodischen Umsetzung und bei der Priorisierung und Gewichtung dieser Ziele. Ihre Praxis zeigt aber auch, dass die Bedingungen für gelingende und effektive Unterrichtsdiskussionen nicht willkürlich sind und nur von Zufällen abhängen.

Es lassen sich sieben Leitlinien formulieren, die – eingedenk der nur eingeschränkten Kontrollierbarkeit pädagogischer Kommunikations- und Verständigungsprozesse – einem gelingenden Umgang mit kontroversen Themen zuträglich sind.

Erstens – und dies wird wenig überraschen – bedarf es zur Gewährleistung einer informierten und argumentativ hinreichend komplexen Diskussion einer angemessenen *Vor- und Nachbereitung*, und dies gilt sowohl für die Lehrkraft als auch für die Lerngruppe. Gelingende Praxisformen zeichnen sich durch eine angemessene und wohldurchdachte Planung der Unterrichtseinheit, ihrer Einbettung in das Curriculum, der Prüfung und Bereitstellung angemessener Unterrichtsmaterialen und ein auf das Thema, die Lerngruppe und die zu erreichenden Ziele abgestimmtes didaktisches Arrangement aus, welches vorsieht, dass sich *alle* Schüler – um an der Diskussion unter möglichst gleichen Bedingungen teilnehmen zu können – mit den relevanten Gegenständen eingängig beschäftigt haben.

Zweitens bedarf es *klarer Regeln*, die in der Diskussion gelten sollen, in der eine Pluralität von Sichtweisen – ohne Angst – artikuliert werden kann und in der auch Dissens im Umgang mit politisch relevanten Themen respektiert wird. Die Schüler können und sollen in die Formulierung und Gestaltung der Diskussionsregeln und des damit verbundenen Verhaltenskodex eines respektvollen und zivilisierten Umgangs eingebunden werden, die nicht nur sie, sondern auch den Lehrer von Dauerkontroversen über angemessene Formen des Streits und die Regelung von Konflikten entlasten. Außerdem sollten Lehrkräfte die Diskussion kontroverser Themen als Unterrichtsmethode zur Erreichung bestimmter Ziele betrachten (*teaching with discussion*) und dabei zugleich auch darauf achten, dass die pädagogisch-politische Bedeutsamkeit der Initiation in diskursive Praktiken selbst hinreichend berücksichtigt wird und alle Schüler lernen, gleichberechtigt an diesen zu partizipieren (*teaching for discussion*; Hess 2002). Um dies sicherzustellen, müssen sie nicht nur die Diskussionsregeln durchsetzen und korrigierend eingreifen, wenn sich in der Interaktionsdynamik problematische Ungleichheiten und Machtverhältnisse bemerkbar machen. Da sich Diskutieren genauso wie Dissenstauglichkeit kaum durch Belehrung, sondern eher durch die Praxis des Diskutierens und die damit verbundene Erfahrung des Dissenses erlernen lässt (Reichenbach 2020b), sollten sie vor allem auch der Diskussion der Schüler *untereinander* Raum geben, d.h. sich selbst so weit wie möglich in der Diskussion zugunsten der Schüler zurücknehmen.

Drittens bedarf es *fachwissenschaftlichen und popularisierten Wissens über politisch relevante Themen* zur Analyse und Einordnung von unterschiedlichen Kontroversen, ihrer Genese und ihrer historischen Hintergründe. Dies ist notwendig, um eine möglichst differenzierte und kritische Sichtweise auf Kontroversen eröffnen zu können, bei der epistemische und politische Gründe angemessen berücksichtigt werden (z.B. Dissens über Werte, die Deutung von empirischen Befunden und von Macht- und Interessenkonflikten) und die spezifische Art der Konflikte (etwa religiöser oder ethischer Konflikt) geklärt werden kann.

Viertens ist *fachdidaktisches Professionswissen* über Methoden und Techniken der Gestaltung und Führung von Diskussionen von zentraler Bedeutung. Ein hinreichend vielseitiges und flexibel nutzbares Methodenrepertoire für die Leitung von Diskussionen, bei dem theoretisch-konzeptionelle Vorgaben und Ziele möglichst gut mit ihrer praktischen Umsetzung in Passung gebracht werden, kann zur Einübung von professionellen Handlungsschemata für den Umgang mit schwierigen Unterrichtssituationen beitragen.

Fünftens brauchen Lehrkräfte möglichst umfassendes Wissen über die Sichtweisen von Schülern auf Kontroversen und über die Art und Weise, wie sie für die Schüler in Alltagskontexten relevant sind und im Unterricht erlebbar gemacht werden können. Sie können hierfür auch umfangreiche Erfahrungen der interkulturellen und inklusiven Pädagogik nutzen. Um das Konfliktpotenzial eines Themas einschätzen zu können, sind zudem der Schulkontext und auch die Sichtweisen anderer Akteure zu berücksichtigen (Eltern, Gemeinschaften etc.).

Sechstens bedarf es zur Bewältigung der genannten Aufgaben eines hohen Maßes an *professioneller Selbstreflexion* mit Bezug auf die *Ziele*, die mit der Diskussion erreicht werden sollen, auf die angemessenen *Kriterien* für die Auswahl und Darstellung kontrovers (oder nicht kontrovers) zu diskutierender Themen und auf die eigenen wertgebundenen Sichtweisen auf diese Themen und deren Auswirkungen auf die eigene Praxis.

Siebtens sollten sich Lehrkräfte im Umgang mit kontroversen Themen nicht als Einzelkämpfer betrachten, sondern gemeinsam mit Kollegen über die relevanten Probleme diskutieren. Eine unterstützende *Schulstruktur*, ein diskussionsfreundliches *Schulethos* und *Schulleben*, in dem Diskussionen auch zur Bearbeitung schulinterner Konflikte genutzt werden, Unterstützung durch Schulleiter, kurze Kommunikationswege und Fortbildungsmöglichkeiten (Europarat 2018; Hess 2009, S. 54) und eine erprobte Fehlerkultur, die es Lehrpersonen erlaubt, sich zu verbessern und zu korrigieren und ihnen zugleich hinreichend Spielräume einräumt, um professionell mit den kontroversen Themen umzugehen, können ihre Arbeit ungemein erleichtern.

Kontroverse Themen unterrichten: Leitlinien und Voraussetzungen für eine gelingende Praxis

1. Angemessene Vor- und Nachbereitung durch die Lehrkraft und die Lerngruppe
2. Klare Diskussionsregeln aufstellen und durchsetzen
3. Fachwissenschaftliches und popularisiertes Wissen zur Analyse von Kontroversen verwenden
4. Fachdidaktisches Professionswissen über Methoden der Gestaltung von Kontroversen nutzen
5. Kenntnisse von mitgebrachtem Wissen und Einschätzungen der Lerngruppe im Umgang mit kontroversen Themen
6. Professionelle Selbstreflexion
7. Unterstützende Schulkultur und ein diskussionsfreundliches Schulethos

Fallstricke und Fehlformen

So wie Schüler kontroverse Themen häufig zunächst ausgehend von ihrer Alltagserfahrung bewerten, so legt auch die empirische Forschung zum Umgang von Lehrern mit kontroversen Themen nahe, dass sie sich dabei häufig von ihren persönlichen Sichtweisen leiten lassen (z. B. Hess 2002; 2004), die sich nicht immer mit einem angemessenen und kriterienkonformen Umgang mit Kontroversen vereinbaren lassen (Henkenborg et al. 2008; Pace 2021). Dies ist deshalb problematisch, weil durch die Darstellung von Kontroversen durch Lehrer »bereits eine Blickwinkelprägung der Lernenden auf die politische Welt geschieht, die gerade weil sie dem Lernenden in aller Regel als eine ›objektive

Kontroverse‹ erscheint, schwer durchschaubar ist« (Däuble 2016, S. 455). Auch die grundsätzliche Kenntnis der relevanten Kriterien schützt häufig weder vor Fehlinterpretationen und -anwendungen noch vor subtilen, oft unbewussten Formen der Beeinflussung (Grammes 1996). Im Folgenden werden – ohne Anspruch auf Vollständigkeit – einige der Fallstricke und Fehlformen im Umgang mit kontroversen Themen vorgestellt.

Als pädagogische Fehlformen müssen natürlich grundsätzlich alle die Praktiken und Arrangements gelten, die sich mit den beiden Kriterien nicht vereinbaren lassen. Das gilt etwa für Versuche, Sicht- und Denkweisen dogmatisch durchzusetzen, die aus wissenschaftlichen Gründen nicht kontrovers behandelt werden sollten. Fehlformen liegen vor, wenn bewusst oder unbewusst relevante Positionen unterschlagen oder falsch dargestellt werden. Wenn basale Formen des Respekts und der Zivilität nicht akzeptiert und grundlegende Rationalitätsstandards nicht eingehalten werden, kann man diese Art des Streitens sicherlich nicht als pädagogisch und politisch wert- und sinnvoll qualifizieren. Darüber hinaus gibt es aber weitere Fehlformen, die nicht ganz so offensichtlich sind.

Eine *erste* lässt sich unter der Rubrik eines entgrenzten *Relativismus* subsumieren: Die Annahme, dass im Grunde jede Position gleichwertig und gleich gut begründet ist – man kann es halt so oder eben anders sehen – mag zwar einem liberalen Ethos entsprechen, das dann ironischerweise manchmal auf recht dogmatische Weise als wahr behauptet wird. Sie führt jedoch zu einer Art von Denk- und Argumentationsfaulheit, da man sich mit Verweis auf die Relativität der Standpunkte dann auch von jedweder Begründungspflicht entbunden fühlt (Hand/Levinson 2012; Weißeno 1996). Dies gilt insbesondere auch im Umgang mit normativen Fragen, wenn die diskussions- und moralpragmatisch fragwürdige Sichtweise vermittelt wird, es gäbe hier eben grundsätzlich kein richtig und kein falsch. Das aber folgt aus dem politischen Kriterium gerade nicht: Es ist zwar sinnvoll, empirische und normative Fragen möglichst auseinanderzuhalten, dies bedeutet aber nicht, dass man keine besseren und schlechteren Gründe für oder gegen die Plausibilität und Geltung moralischer und politischer Positionen vorbringen kann. Man kann genauso mit guten Gründen dafür argumentieren, dass rassistische Diskriminierung moralisch falsch ist, wie man für die empirische Annahme argumentieren kann, dass Rauchen Krebs verursacht (Zimmermann/Robertson 2017, S. 72). Dagegen zu behaupten, es sei nun einmal ein Faktum, dass über moralische Fragen im Grunde nicht sinnvoll und nicht wissenschaftlich diskutiert werden könne, sendet fragwürdige Signale an Schüler, da dies die Möglichkeiten rationaler Verständigung radikal einschränkt.

Eng mit dieser Fehlform verbunden sind *zweitens subjektivistische* Positionierungen, die z. B. unterstellen, dass aus dem bloßen Faktum, dass ›ich‹ eine bestimmte Meinung vertrete, schon folgt, dass diese Meinung hinreichend epistemisch und politisch begründet ist. Indem man eine Meinung entweder schon mit dem bloßen Verweis auf die eigene Identität glaubt begründen zu können (›x ist plausibel, weil ich y bin‹) oder sie gleich zum konstitutiven Merkmal der eigenen Identität erklärt (›so bin ich halt, das ist einfach das, was ich glaube‹), lässt sich diese dann gegen Kritik immunisieren. Da durch identitätspolitische Manöver Begründungen für überflüssig erklärt werden und jede Infragestellung gleich als Angriff auf diese Identität gewertet werden kann (Hand/Levinson 2012), kann auf dieser Basis eine konstruktive Diskussion nicht zustande kommen.

Eine *dritte* Fehlform betrifft die *kulturalisierende* und *ethnisierende* Darstellung von Kontroversen, Konflikten und Gruppen im Unterricht und damit verbundene Formen der Adressierung von Schülern als vermeintlich authentischen Repräsentanten von vorgestellten ›Kulturen‹ und ›Ethnien‹. Durch die häufig auch curricular und durch Schulbücher vermittelte Reproduktion fragwürdiger gesellschaftlicher Diskurslagen werden so Diskriminierungen und gesellschaftliche Hierarchien und Machtverhältnisse in Unterrichtsdiskussionen nicht in Frage gestellt (was Aufgabe von Demokratieerziehung ist), sondern perpetuiert (Merry 2020; z. B. stereotypisierende Darstellungen von Anhängern von Religionsgemeinschaften). Dekontextualisierte, unterkomplexe und essenzialisierende Darstellungen von Konflikten, ihren Akteuren und diesen zugeschriebenen Differenzmerkmalen können so selbst die Konflikte dramatisieren und schüren, die sie vermeintlich nur beschreiben (z. B. Konflikte zwischen unterschiedlichen politischen Überzeugungsgemeinschaften). Statt Schüler in Diskussionen als bloße Kulturvehikel zu adressieren und auf einen Aspekt ihrer Identität zu reduzieren (Sen 2006), gilt es, sie als entwicklungsfähige und domänenspezifisch autonome Personen ernst zu nehmen, die sachlich nachvollziehbare Gründe für ihre Positionen vorbringen. Solche Konflikt- und Differenzkonstruktionen gilt es bewusst zu machen und auf distanzierte Weise zu analysieren und zu diskutieren (Radtke 2012). Dennoch darf dabei jedoch auch nicht außer Acht gelassen werden, dass Kritiken von essenzialisierenden Darstellungen selbst in manchen Fällen auf kontroversen normativen und konzeptuellen Annahmen basieren und auch als diskurspolitische Waffe genutzt werden (z. B. in Debatten über Identitätspolitik), die darauf abzielt, jedwede Kritik auch dann zu desavouieren, wenn diese berechtigt ist (Drerup 2018c).

Eine *vierte* Fehlform kann man zwischen den Polen der *Überpolitisierung* und *Depolitisierung* verorten. Insbesondere in polarisierten Diskussionskontexten kann die Thematisierung von Konflikten mit einer sich auf alle möglichen Themen und Aspekte des Lebens ausweitenden Überpolitisierung einhergehen, die wiederum eine weitere Polarisierung zur Folge hat (Talisse 2019). Dies führt dann dazu, dass jedweder Aspekt des Zusammenlebens und der Lebensführung als Indikator für politische Zugehörigkeit und als potenzieller Konfliktherd gedeutet wird, was mit schematischen Zuordnungen politischer Positionierungen und undifferenzierten Diskussionen komplexer Probleme einhergeht. So kann man nur für oder gegen politische Korrektheit, nur für oder gegen Migration, nur Vegetarier, Veganer etc. sein. Im Rahmen von überpolitisierten Diskussionen drohen dann die konkreten Sachlagen und ihre angemessene Deutung vollends zugunsten politischer Orientierungen aus dem Blick zu geraten (es kommt nicht darauf an, was der Fall ist, sondern auf welcher Seite ich stehe), da man häufig irrigerweise annimmt, eine radikale Politisierung wissenschaftlicher Fragen habe per se emanzipatorische Effekte. Umgekehrt neigen depolitisierende, vermeintlich rein sachlich orientierte Diskussionsformen dazu, Macht- und Interessenkonstellationen zu ignorieren, so wie auch der autoritative Verweis auf vermeintliche Sachzwänge – ›so ist es eben‹ – ein nicht zu unterschätzendes Indoktrinationspotenzial hat (Grammes 1997).

Eine *fünfte* Fehlform kann man als *Überbehütung* bezeichnen. Sie zeichnet sich dadurch aus, dass Lehrkräfte versuchen, kontroverse Themen möglichst zu vermeiden und auszublenden. Dies kann ganz unterschiedliche Gründe haben (etwa Ängste vor Konflikten mit Eltern, den Behörden oder Schülern; Skepsis, ob man dem Thema inhaltlich, argumentativ, methodisch oder psychisch gewachsen ist; Idealbilder einer konfliktfreien Gesellschaft; vgl.: Henkenborg et al. 2008; McAvoy/Hess 2015) und kann in manchen Einzelfällen durchaus auch aus pragmatischen oder moralischen Gründen berechtigt sein, wenn man etwa Schüler nicht überfordern will. Doch sollte man Schüler nicht unterschätzen, und Versuche ihrer generellen Abschirmung von kontroversen Themen sind sicherlich problematisch. Hierfür sprechen die genannten empirische Belege, die aus Sicht von Demokratieerziehung gute Gründe für die Diskussion strittiger Themen liefern, zumal die Schüler in der Regel ohnehin in ihrem Alltag mit solchen Diskussionen konfrontiert werden, häufig jedoch auf eine ungefilterte Art und Weise, die ihnen kaum Hilfestellung gibt, um die relevanten Themen und Positionen angemessen einzuordnen (Stradling 1984). Es ist auch deshalb – und trotz der vielen Fehlformen und Fallstricke im Umgang mit Kontroversen im Unterricht – pädagogisch nicht sinnvoll, Schülern aus paternalistischen Gründen die Möglichkeit vorzuenthalten, durch die diskursive Auseinandersetzung mit anderen Sichtweisen zu lernen, konstruktiv zu streiten und sich ein begründetes Urteil zu bilden.

Pädagogische Fehlformen im Umgang mit Kontroversen

- Verletzung der in dem wissenschaftsorientierten und politischen Kriterium formulierten Standards
- Entgrenzter Relativismus (›alles geht‹)
- Subjektivistische Positionierungen (›ich sehe das halt so‹)
- Kulturalisierende und ethnisierende Darstellungen von Kontroversen, Konflikten und Gruppen (›wir gegen die anderen‹)
- Überpolitisierung und Polarisierung (›alles ist politisch kontrovers, immer und überall‹)
- Überbehütung und Vermeidung (›darüber reden wir dann irgendwann einmal‹)

Pädagogische Autorität in der Kontroverse

Lehrer können zwar in unterschiedlichen methodischen Settings und abhängig von der Gruppe sehr unterschiedliche Rollen einnehmen, etwa als möglichst zurückhaltender Moderator oder als provozierender Advocatus Diaboli. Dies entbindet sie jedoch nicht von der Aufgabe, gemäß den Vorgaben des wissenschaftsbezogenen und des politischen Kriteriums im Unterricht stets auch als epistemische und politische Autoritäten aufzutreten, wobei pädagogische Autorität hier als auf Vertrauen basierendes Anerkennungsverhältnis verstanden werden soll (Reichenbach 2011). Sie sollen also die Grundregeln der Kontroverse und auch das, was als kontrovers gelten sollte, mit den Schülern diskutieren, die damit verbundenen Entscheidungsfragen können und sollen sie jedoch nicht vollständig mitsamt den damit verbundenen Verantwortlichkeiten an die Schüler delegieren. Als Lehrkraft sind sie gemäß ihrer Rolle und dem damit verbundenen moralischen Status (Giesinger 2018b) gehalten, in der Auseinandersetzung mit Grenzüberschreitungen in epistemischer und in politischer Hinsicht immer wieder aufzuzeigen, wohin die Reise gehen sollte, und unvernünftige und vorurteilsbehaftete Sichtweisen zu kritisieren. Politische und epistemische Autorität stützen sich idealerweise wechselseitig, gehen aber mit unterschiedlichen praktischen Herausforderungen einher.

Hinsichtlich der *epistemischen* Dimension von pädagogischer Autorität stellt sich – insbesondere bei direktiven Formen des Unterrichtens – das Problem, wie die epistemische Asymmetrie zwischen Lehrkraft und Schülern, die Abhängigkeit und auch das Vertrauen in wissensbezogenen Fragen praktisch zu vereinbaren sind mit dem Ziel, dass Schüler längerfristig lernen sollen, selbstständig und kritisch mit Kontroversen umzugehen und die relevanten epistemischen Geltungsansprüche zu diskutieren und zu prüfen. Wenn Lehrkräfte daher in der Kontroverse eine bestimmte *nicht* legitimerweise kontroverse Position offen als die angemessenste qualifizieren, besteht immer auch die Gefahr, dass dies von den Schülern *nur* deshalb akzeptiert wird, weil diese Position von einer Autorität in einer Machtposition – die auch die Macht hat, Noten[43] zu geben –

43 Schülern dürfen durch die Äußerung politischer Positionen keine Nachteile bei der Notenvergabe erwachsen (Wrase 2020), was nicht bedeutet, dass man die Qualität der Argumentationsbeiträge nicht bewerten kann oder darf. Praktisch gehen Lehrer sehr unterschiedlich mit dieser Problematik um (Hess/McAvoy 2015).

vorgegeben wurde (Gregory 2014). Gerade im Umgang mit politisch relevanten Fragen sind Lehrerinnen und Lehrer natürlich keine universalkompetenten Akteure, was die Gefahr mit sich bringt, dass sie die eigenen Kompetenzen überschreiten und Schüler ihren Vorgaben auch dann folgen, wenn weder Argumente noch Evidenzen dafür sprechen.

Während daher einerseits zu befürchten ist, dass eine zu große Zurückhaltung und Neutralität der Lehrperson im Umgang mit geklärten epistemischen Fragen dazu führen kann, dass Schüler annehmen, rationale Begründungen spielten bei deren Klärung nur eine untergeordnete Rolle (Hand 2008), wird gegen eine offensive oder auch subtile Durchsetzung von epistemischen Geltungsansprüchen eingewendet, dass der Lehrer damit zeigt, dass er den Schülern nicht hinreichend zutraut, sich selbstständig mit solchen Fragen auseinanderzusetzen. Das könne dann die Entwicklung von rationalen Fähigkeiten behindern oder auch die kontraproduktive Botschaft vermitteln, dass epistemische Fragen im Grunde auf Machtfragen reduzierbar seien (Warnick/Smith 2014). Eine erste Möglichkeit, mit diesen Problemen umzugehen, besteht darin, dass Lehrerinnen und Lehrer bei der praktischen Auseinandersetzung mit Kontroversen weder die angemessenste Position offen explizieren noch eine dezidiert direktive Hinführung anstreben, sondern *primär* den Fokus auf die Vermittlung von Methoden der Analyse und von fachspezifischen Rationalitätsstandards legen, die in offenen und nicht final abschließbaren Debatten kultiviert werden (Gregory 2014). Eine zweite Möglichkeit besteht darin, zwar offen darzulegen, welche Position in der relevanten Debatte üblicherweise als wissenschaftlich begründet erachtet wird. Man kann diese dann bestmöglich methodisch und inhaltlich begründen, zugleich aber kritische Analysen und Nachfragen auf dem argumentativen Weg dorthin zulassen, offene Fragen als solche ausweisen, relevante Begründungen auf Schwachstellen prüfen, jedoch auf direktiv orientierte Formen des Unterrichtens verzichten und stattdessen auf die Macht des besseren Arguments und die Einsichtsfähigkeit der Schüler vertrauen (Warnick/Smith 2014, S. 241).

Bei der Bewertung dieser Handlungsstrategien, die beide grundsätzlich mit dem wissenschaftsbezogenen Kriterium vereinbar sind, ist zu berücksichtigen, dass sie kaum *kontextübergreifend* als angemessen oder unangemessen qualifiziert werden können. Dies gilt vor allem aufgrund offener empirischer Fragen etwa hinsichtlich der unterschiedlichen Wirkungen der Handlungsstrategien auf Schüler, die die Vorgaben sehr unterschiedlich aufnehmen und verarbeiten können, etwa: als Wechsel, Verhärtung oder Koordination von Perspektiven (Grammes 1997). Zugleich sollte die Skepsis gegenüber einer Vermengung von epistemischer Autorität und Machtpositionen nicht übergeneralisiert werden. Ohne ein gewisses Vertrauen in epistemische Autoritäten riskiert man in modernen Gesellschaften schnell die Orientierung zu verlieren und handlungsunfähig zu werden. Es kommt auch deshalb am Ende vielleicht weniger darauf an, ob sich die Lehrperson bei der Präsentation eines Themas oder einer Kontroverse (zunächst) zurückhält oder nicht, sondern vielmehr darauf, *wie* in praktischer Hinsicht der Umgang mit dem Thema gestaltet wird. Von besonderer Bedeutung ist die Rolle von Lehrerinnen und Lehrern als epistemischen Vorbildern *in*

Diskussionen, in denen sie sich selbst in ihrer *eigenen* pädagogischen Praxis an den Zielen von Demokratieerziehung und -bildung zu orientieren haben, deren Kultivierung sie von ihren Schülern erwarten. D. h. man muss auch selbst in Kontroversen kommunikative und epistemische Tugenden verwirklichen, Ambivalenz ertragen und Diversität tolerieren, wenn man begründet hoffen will, dass die Schüler dies ebenfalls lernen. Will man daher Schüler in die Praxis des konstruktiven Streits einführen, muss man sie nicht nur als lern- und entwicklungsfähige Personen adressieren und respektieren, die Fehler machen und auch machen dürfen (Reinhardt 2019), sondern auch selbst Fehler, Nichtwissen und Grenzen der eigenen Kompetenz eingestehen. Gerade in der Akzeptanz der domänenspezifischen Grenzen der eigenen Argumentations- und Überzeugungskapazitäten (Reichenbach 2020b), der eigenen Fehlbarkeit (Warnick/Smith 2014) und durch die Offenlegung der vielen Schwierigkeiten bei der Einordnung von häufig nur eingeschränkt vorhandenen und unterschiedlich deutbaren Wissensbeständen (Stradling 1984) und nicht in der dogmatischen Durchsetzung von ›offiziellem Wissen‹ zeigt sich die epistemische Autorität einer lernfähigen, für neue Erfahrungen offenen Lehrkraft. So gibt es auch gegenüber Lehrpersonen, die ihre eigenen *blind spots* offenlegen und im Unterricht die Schüler in die Lage versetzen, epistemische Geltungsansprüche zu prüfen und unausgewogene Darstellungen von Kontroversen zu erkennen (Oulton/Dillon/Grace 2004, S. 417; Westphal 2018), keine Verpflichtung, ihnen alles zu glauben. Es gibt aber gute Gründe, ihnen grundsätzlich in epistemischen Fragen – insbesondere solchen, die in den Bereich ihrer fachlichen Expertise fallen – zu vertrauen (Giesinger 2018b) und sie somit als epistemische Autoritäten anzuerkennen. Bei in wissenschaftlicher Hinsicht kontroversen Themen müssen Lehrer sich in Zurückhaltung üben und deutlich machen, dass sie diesbezüglich *nur eingeschränkt* als epistemische Autoritäten gelten können, was nicht ausschließt, dass sie informierte und gut begründete Sichtweisen in die Diskussion einbringen (Hand/Levinson 2012, S. 618).

Mit Bezug auf die *politische* Dimension stellt sich das vieldiskutierte Problem, wann, auf welche Art und Weise und unter welchen Umständen es für Lehrpersonen sinnvoll und legitim sein kann, die eigene politische Position offenzulegen. Die Offenlegung der eigenen Position kann als ein pädagogisches Werkzeug (Hess/McAvoy 2015) verstanden werden, dessen situationskluge Nutzung von der Zusammensetzung der Schülerschaft und damit verbundenen diskussionspragmatischen Erwägungen abhängt. Ist die Lerngruppe z. B. in politischer Hinsicht divers, reicht es gegebenenfalls, auf Eingriffe zu verzichten, »da die Gruppe die Kontroverse moderiert« (Reinhardt 2019, S. 31). Ist sie politisch polarisiert, muss die Einhaltung basaler Diskussionsregeln durch den Lehrer gesichert werden. In beiden Fällen ist seine »eigene Meinung bei den Schülern häufig gar nicht gefragt und für die Dynamik der Prozesse nicht erforderlich«. Ist die Gruppe aber eher uninteressiert und homogen, kann es sinnvoll sein, dass der Lehrer »mit einer eigenen Meinung provozier[t]« (ebd.), um so eine Kultur des Dissenses (Weißeno 1996, S. 124) im Klassenraum zu fördern. Ob dies jeweils pädagogisch sinnvoll ist, hängt also von der Dynamik der Interaktion und von dem Diskussionsklima in der Klasse ab. Die Nutzung dieses pädagogischen Werkzeugs ist immer auch konform zu den Vorgaben des politischen und wissenschaftsbezogenen Kriteriums zu gestalten, um einen Missbrauch von politischer Autorität zu verhindern. Demokratieerziehung kann und soll in Sachen Grundwerte nicht neutral sein, sie kann und muss antiliberale und antidemokratische Einstellungen aus dem pädagogischen Kanon ausschließen, was natürlich nicht heißt, dass sie nicht in *parteipolitischer* Hinsicht zur Neutralität verpflichtet ist. Die legitime politische Autorität von Lehrern begrenzt sich darauf, die Grundwerte liberaler Demokratie zu vertreten, diese auch in ihrem Verhalten gegenüber den Schülern zu exemplifizieren und wenn nötig durchzusetzen. Im Rahmen dieser strikten Begrenzung kann es auch dann, wenn ein Thema legitimerweise *umstritten* ist, lehrreich für Schüler sein, nachzuvollziehen, wie ein Lehrer eine *eigene* Position dazu entwickelt und begründet (Warnick/Smith 2014). Es muss dabei hinreichend klar und transparent gemacht werden, dass es sich um die eigene Position handelt. D. h. es muss zwischen der eigenen Lehrer- und Bürgerrolle unterschieden und verdeutlicht werden, dass es auch andere vernünftige Positionen zu dem Thema gibt, die es zu respektieren und zu tolerieren gilt, so dass die Schüler sich am Ende selbst ein begründetes Bild der Sachlage machen müssen. So können, um ein Beispiel zu nennen, Lehrpersonen »die Haltung der AfD in der Migrationsfrage ablehnen, solange sie ihre Sichtweise nicht verabsolutieren, sondern andere Wertungen zulassen« (Barp/Engartner 2019, S. 13). Dazu bedarf es jedoch Distanz der Lehrkraft zu sich selbst und ihrer Funktion (Reinhardt 2017) – gerade wenn sie sich sehr sicher ist, auf der richtigen Seite der Geschichte zu stehen und zu wissen glaubt, wie ein Problem zu lösen ist. Grundsätzlich gilt daher, dass die eigene Position auf eine Art und Weise offenzulegen ist, die mit der epistemischen Vulnerabilität und der nur eingeschränkten domänenspezifischen Autonomie von Schülern kompatibel sein muss. Sie muss auf eine Weise pädagogisch strukturiert und »anschließend aufgeklärt werden« (Reinhardt 2019, S. 32), die mit den Zielen von Demokratieerziehung – vor allem einer unabhängigen Urteilsbildung – zu vereinbaren ist. Die Gefahr, dass dies nicht der Fall ist, scheint abzunehmen, je mehr die Diskussion kontroverser Themen im Unterricht etabliert ist. So legt die Studie von Hess und McAvoy (2015, S. 188) nahe, dass sich Schüler durch die Offenlegung der Position des Lehrers in solchen Klassen nur selten überrumpelt fühlen, da die entsprechenden Themen ohnehin aus unterschiedlichen Sichtweisen diskutiert werden und die Schüler auch selbst die Möglichkeit haben, zu den Stellungnahmen Position zu beziehen.

Zugleich ist zu berücksichtigen, dass auch dann, wenn sich Lehrerinnen und Lehrer mit expliziten Stellungnahmen eher zurückhalten, entsprechende Positionierungen häufig nicht auf bewusste Entscheidungen zurückgehen, sondern eher indirekt, en passant und auf mehr oder weniger subtile Weise vorgenommen werden, die dann die Schüler beeinflussen können (etwa durch die Beschreibung eines Problems mittels metaphorischen Framings). Dies legt auch nahe, dass manchmal das Verschweigen der eigenen Meinung problematischer sein kann als die offene Artikulation (Oberle 2017, S. 118 f.) Das belegt, wie wichtig professionelle Selbstreflexion für Lehrerinnen und Lehrer ist, die sich darüber klar sein sollten, welche Werte sie mit in den Klassenraum bringen und wie sich diese auf die Meinungsbildung der Schüler auswirken können. Subtile Formen der Beeinflussung durch Lehrer und Lehrarrangements sind letztlich nicht vermeidbar (Oulton/Dillon/Grace 2004, S. 417) und auch nicht alle in gleicher Weise problematisch (Drerup 2012), da es einen Unterschied macht, ob sie konform zu dem politischen und wissenschaftsbezogenen Kriterium erfolgen oder nicht. Wenn etwa Framing-Effekte genutzt werden, um Schüler dazu zu bringen, bestimmten Gruppen grundlegende Bürgerrechte zuzuerkennen, dann kann dies weit eher gerechtfertigt werden, als wenn es nur um die persönlichen Ansichten des Lehrers geht. Hier jedoch im Namen von Neutralität zu fordern, dass *alle* potenziellen politischen Wirkungen (des Lehrarrangements, des *hidden curriculum* etc.) transparent zu machen und auch alle Kontroversen über die Darstellung kontroverser Themen mit den Schülern auf einer Metaebene zu diskutieren sind, ist nicht realisierbar, überfordert Lehrkraft und Schüler und ignoriert die mit der asymmetrischen Struktur pädagogischer Konstellationen gegebenen epistemischen Asymmetrien.

Die Geschichte von Kontroversen über Kontroversitätsgebote zeigt, dass es häufig weniger Grenzüberschreitungen oder subtile Formen der Beeinflussung politisch überambitionierter Lehrkräfte waren, die einem angemessenen Umgang mit kontroversen Themen im Unterricht entgegenstehen, sondern externe politische Einflussnahmen und politischer Druck auf Lehrerinnen und Lehrer, die mehr oder weniger begründete Vorbehalte oder auch Ängste haben, überhaupt kontroverse Themen im Unterricht zu thematisieren (Zimmermann/Robertson 2017). Entgegen überzogenen Souveränitätserwartungen an Lehrerinnen und Lehrer ist daran zu erinnern, dass diese in ihrer Rolle als epistemische und politische Autoritäten auch auf politische Kontextbedingungen (demokratische Streitkultur online und offline; rechtlichen Schutz) angewiesen sind, die es ihnen und ihren Schülern erleichtern, konstruktiv in einer sicheren und angstfreien pädagogischen Umwelt zu streiten.

Sensible Themen und pädagogische Interventionen

In der empirischen Forschung unterscheidet man eine Reihe von pädagogischen Strategien, die Lehrerinnen und Lehrer im Umgang mit kontroversen Themen nutzen:[44]

Strategien im Umgang mit Kontroversen

- Der ›Vermeider‹ versucht, kontroverse Themen, die mit Mehrarbeit und Unsicherheiten verbunden sein können, möglichst aus dem Klassenraum zu verbannen.
- Der ›Debattenleiter‹ hält sich mit eigenen Kommentaren zugunsten der Schülerdiskussion zurück.
- Der ›Taktiker‹ sondiert die Vor- und Nachteile der Diskussion eines Themas und sucht sich dann den sichersten Weg durch die Debatte, um so kontroverse Aspekte möglichst zu meiden.
- Der ›Gräber‹ (*digger*) sieht vor allem das didaktische Potenzial der Diskussion kontroverser Themen für

44 Vgl. den Überblick in Andersson 2016.

die gemeinsame Auseinandersetzung über Probleme des Zusammenlebens.

- Der ›Normenvermittler‹ bringt Diskussionen in Gang, um zu klären, wie die Aussagen der Schüler aus sozialwissenschaftlicher, rechtlicher und ethischer Sicht einzuordnen und zu bewerten sind.

Diese Strategien lassen sich auch als Formen des Umgangs mit den Risiken deuten, die mit Kontroversen im Unterricht einhergehen können, etwa wenn sich die Diskussionsdynamik in eine politisch fragwürdige Richtung bewegt und Lehrpersonen Mühe haben, die Kontrolle über eine hitzig geführte Debatte wiederzuerlangen. Diese Risiken lassen sich unterschiedlich handhaben und begrenzen (z. B. durch Vor- und Nachbereitung, bewusste argumentative Gegensteuerung, behutsame und adressatenverträgliche Heranführung an ein kontroverses Thema; Pace 2019; 2021); komplett vermeiden lassen sie sich nicht.

Viele der Themen, die im Unterricht als kontrovers zu diskutieren sind, betreffen Schülerinnen und Schüler in direkter oder indirekter Weise selbst (etwa Fragen der Migrationspolitik oder Debatten über Religion und Sexualität). In manchen Fällen kann der Wunsch, ein offenes Klassenklima zu schaffen, in dem auch politisch schwierige und emotional besetzte Themen diskutiert werden können, in Konflikt geraten mit dem Ziel, eine für alle Schüler akzeptable und faire Diskussionsatmosphäre zu gewährleisten, in der niemand in seinen Gefühlen verletzt wird. Ohnehin schon marginalisierte Gruppen müssen sich, so die Befürchtung, geleitet von Idealen der offenen Diskussion, die privilegiertere Schüler in der Praxis begünstigen, oft Gesprächen über das Für und Wider von politischen Entscheidungen aussetzen, die ihren eignen politischen und sozioökonomischen Status betreffen (Hess/McAvoy 2015, S. 173). Solche Diskussionen können dann dazu beitragen, schulexterne gesellschaftliche Machtverhältnisse im Klassenraum zu reproduzieren. Es kann zwar gerade für diese Schülergruppe sinnvoll sein, dass eine Auseinandersetzung mit diesen Themen stattfindet. So können sie auch andere Schüler dazu veranlassen, sich mit ihrer Sichtweise als potenziell von Diskriminierung Betroffenen auseinanderzusetzen und in dieser Konfrontation Verständnis und Empathie zu entwickeln. In manchen Fällen können aber auch pragmatische und ethische Gründe dafür sprechen, Themen zeitweilig auszuklammern, um Schüler zu schützen, auch wenn dieses Vorgehen als bevormundend wahrgenommen werden kann. Kurzum: Es gibt keine einfachen Rezepte im Umgang mit diesen Dilemmata, zumal Lehrer häufig nicht über das nötige Wissen verfügen, um einschätzen zu können, wer, wie, warum auf ein bestimmtes Thema reagieren könnte. Es kommt manchmal auch auf das richtige *timing* an (so sollte man z. B. eine Diskussion über die Legitimität von Abtreibungen oder das Thema Tod besser vertagen, wenn man weiß, dass Schülerinnen oder Schüler in der Klasse sitzen, die in irgendeiner Weise persönlich betroffen sind). Lehrkräfte haben ja, so kann man hoffen, in der Regel ein hinreichendes Feingefühl entwickelt, so dass sie sensibel und taktvoll auf die Gefühlswelten der Schüler reagieren können. Manchmal ist es auch hilfreich, wenn man abstrakter und distanzierter mit Themen umgeht, lokale Debatten und konkrete Erfahrungen zugunsten von analog gelagerten, aber lebensweltlich entfernteren Problemkonstellationen ausblendet.

Bei allen pädagogisch berechtigten Vorbehalten wegen der Verletzlichkeiten von Schülern kann im Rahmen einer demokratischen Streitkultur eine kollektive Selbstzensur aufgrund von Befindlichkeiten nur in seltenen Fällen und höchstens als zeitlich begrenzte Maßnahme eine sinnvolle Option sein. »Politischer Streit zwingt uns, aus dem Raum des Selbstverständlichen herauszutreten und unsere Positionen im Lichte konkurrierender Standpunkte zu begründen« (Frick 2020, S. 29). Das macht es aber nötig, sich zuweilen auch mit emotional herausfordernden Sichtweisen auseinanderzusetzen. Dies mag zunächst irritieren und verstören, ist jedoch auch ein Anlass für Bildungsprozesse und kann intellektuell befreiend wirken (Humes 2012). Trotz aller Risiken und Folgekosten müssen Schüler lernen, auch bei emotional belastenden Themen unterschiedliche Sichtweisen zu tolerieren und begründete Kritik zu ertragen. Sie müssen lernen, zwischen dem gebotenen Respekt für die Person und der Ablehnung ihrer Einstellungen und Meinungen zu trennen, und sich darauf einstellen, dass sich ihre eigenen Meinungen auch als falsch herausstellen können, wenn sie damit starke Emotionen verbinden. Sie müssen lernen, Distanz zu den eigenen emotionalen Reaktionen zu gewinnen und sich im Ausdruck ihrer Befindlichkeiten zu mäßigen, auch weil ein Übermaß an unreflektierter ›Authentizität‹ für die Kultivierung ziviler Umgangsformen nicht förderlich sein dürfte (Reichenbach 2011; Drerup 2020b). So wichtig daher die Berücksichtigung von Befindlichkeiten ist, am Ende gilt in Diskussionen immer der Primat der rationalen Artikulation dieser Befindlichkeiten mit Hilfe von intersubjektiv nachvollziehbaren Begründungen. Wenn ein Problem wissenschaftlich hinreichend geklärt ist, sollte es daher auch dann nicht als kontroverses Problem unterrichtet werden, wenn dies die Gefühle einiger Schüler verletzen oder ihre Eltern in Rage versetzen könnte (z. B. weil dies mit den von ihnen kultivierten ›gefühlten‹ Wahrheiten kollidiert, etwa mit Bezug auf den Klimawandel oder das Thema Impfen; Hand 2014, S. 82). Aus Sicht des wissenschaftsbezogenen Kriteriums sollten daher sachlich fragwürdige oder falsche Äußerungen von Schülern nicht nur zur Diskussion gestellt, sondern auch kritisiert und korrigiert werden.

Schwieriger ist es mit der Frage, wie mit Äußerungen von Schülern umzugehen ist, die als politisch fragwürdig gelten können. Dieses Thema ist auch aufgrund des Erfolgs rechtspopulistischer Parteien in den Fokus der öffentlichen und wissenschaftlichen Debatte über kontroverse Themen im Unterricht gerückt worden. Hier ist zu differenzieren zwischen Äußerungen, die offensichtlich nicht mehr mit Grundwerten liberaler Demokratien zu vereinbaren und auch nicht mehr von der Meinungsfreiheit geschützt sind, und solchen, die eher in einem Graubereich zu verorten sind. Stellt ein Schüler z. B. im Klassenraum die Menschenrechte von bestimmten Gruppen in Frage oder äußert er sich explizit rassistisch, so sind Lehrer dazu verpflichtet zu intervenieren und klar Stellung zu beziehen. Die häufig im Umgang mit Grenzüberschreitungen feststellbare Zurückhaltung und Nichtpositionierung von Lehrkräften (Besand 2020) ist daher – auch weil die entsprechenden Schüler häufig entweder gar keine oder schlechte Vorbilder haben – als politisch und pädagogisch desaströs einzustufen. Diskutabel ist dennoch, ob, wie und inwieweit mit entsprechenden Verhaltensweisen von Schülern noch pädagogisch umzugehen ist und wann eine rechtliche Sanktionierung angebracht ist. Zu beachten ist hierbei, dass es sich um sich entwickelnde und entwicklungsfähige Personen handelt, die ganz unterschiedliche Gründe und Motive für solche Äußerungen haben können (etwa Provokation des Lehrers, persönliche Probleme) und auch in unterschiedlicher Weise für Argumentationen empfänglich sein können. Strikte pädagogische Interventionen, die Schülern den ›Mund‹ verbieten, oder (schul-)rechtliche Sanktionierungen sind manchmal geboten (etwa auch zum Schutz Dritter). Sie dürften jedoch in vielen, wenn nicht den meisten Fällen pädagogisch wenig nachhaltig wirksam sein, wenn sie die zugrundliegenden Annahmen und Gründe der Äußerungen und Sichtweisen nicht bearbeiten. Sie können zudem auch kontraintentionale Nebeneffekte zeitigen, gerade weil nicht mehr über die Themen diskutiert und aufgeklärt wird (z. B. Rückzug in Echokammern außerhalb des Klassenraums, in denen man sich wechselseitig in seinen Vorurteilen bestärkt; Callan 2011). Grundsätzlich gilt, dass rassistische Vorurteile, antisemitische Hetze und extremistische Positionen nicht unkommentiert bleiben dürfen[45]. Sie können und sollen auch Gegenstand diskursiver Kritik sein. Die betroffenen Schüler sollten, soweit möglich, in die Diskussion eingebunden und mit den menschenverachtenden Folgen dieser Sichtweisen konfrontiert werden. ›Offen‹ darf das Ergebnis diese Diskussion jedoch nicht sein. Es

45 Die Diskussion kontroverser Themen im Unterricht wird auch als Methode der Extremismusprävention genutzt (Gebauer 2018).

muss von vornherein klar sein, dass basale Grund- und Menschenrechte den Rahmen bilden, der eine demokratische Kontroverse überhaupt erst ermöglicht. Es ist jedenfalls zu hoffen, dass solche Diskussionen sich vor allem längerfristig positiv auswirken, indem die von diskriminierenden Vorurteilen Betroffenen in zukünftigen Debatten geschützt werden, und die, die sie äußern, ihre Sichtweise ändern, wenn sie darüber nachdenken und sich mit kritischen Einwänden auseinandersetzen müssen. In solchen Fällen dürfte es oft ein schwieriger Balanceakt sein, Schülern klarzumachen, dass sie als Personen grundsätzlich Respekt verdienen, dies jedoch nicht für die Aussagen gilt, welche die Rechte anderer nicht respektieren (Biskamp 2017).

Viele der Äußerungen im Unterricht, die als politisch problematisch gelten können, sind wohl in einer ethisch-politischen Grauzone angesiedelt, da sie in Form und Stil zwar recht eindeutig in die politische Richtung weisen, aus der sie kommen, nicht jedoch immer eindeutig als inkompatibel mit Grundrechten und -werten zu bewerten sind. Das damit verbundene Problem intensiviert sich insbesondere dann, wenn rechtspopulistische Parteien in den Parlamenten sitzen und sich das Spektrum der noch demokratisch approbierten Positionen verschiebt. Das wirft die Frage auf, ob Lehrer nicht verpflichtet sind, diese Positionen, die ja häufig aus der ›Mitte‹ der Bevölkerung kommen, gleichberechtigt im Unterricht zu diskutieren. Was ist etwa zu tun, wenn Schüler sich Behauptungen zu eigen machen, dass das ›Boot in Deutschland voll‹ sei, dass man wieder stolz sein solle auf die ›Leistungen der Wehrmacht‹, dass die Nazizeit nur ein ›Vogelschiss‹ in der deutschen Geschichte sei etc.?

Für den Umgang mit solchen Äußerungen gibt es wiederum kein Patentrezept. Mit Bezug auf den ›Vogelschiss‹ und die ›Leistungen der Wehrmacht‹ bedarf es politisch-historischer Aufklärung, sowohl über die historischen Zusammenhänge als auch über die politische Funktion solcher Aussagen, für deren Interpretation und politische Einordnung es im Rahmen der auf historischen Lernprozessen aufbauenden politischen Kultur der BRD keiner besonderen hermeneutischen Fähigkeiten bedarf. Auch hier – und nicht erst mit Bezug auf offen extremistische Äußerungen – sind Lehrer daher verpflichtet, klar und eindeutig politisch Stellung zu beziehen und zugleich den propagierten Geschichtsrevisionismus sachlich zu kritisieren. Dennoch gilt hier ebenfalls, dass Lern- und Bildungsprozesse häufig nur dann angestoßen werden können, wenn Schüler die Möglichkeit bekommen, die mitgebrachten Sichtweisen und die mit ihnen verbundenen Anliegen zu artikulieren, auch damit sie die Erfahrung machen können, für diese im Rahmen rationaler Kritik diskursiv zur Rechenschaft gezogen zu werden (Giesinger 2018a). Wenn ein Schüler dann meint, das ›Boot sei voll‹, dann muss geklärt werden, was denn genau damit gemeint sein soll und wie dies zu begründen wäre. Das wiederum bietet Anlass für eine Debatte über Migrationspolitik in Geschichte und Gegenwart, in der es unterschiedliche und unterschiedlich diskutable Sichtweisen gibt. Dabei sollte dann zumindest verdeutlicht werden, wie komplex die relevanten rechtlichen, ethischen und politischen Problemlagen sind. Allzu einfache Antworten dürften zur sachlichen Klärung und politischen Bearbeitung solcher Fragen nur wenig oder nichts beitragen. Doch lassen auch solche Fragen, über die man sich kaum wird einigen können, konstruktiven Streit zu. Um dies aber zu gewährleisten, müssen auch Positionen gehört und diskutiert werden dürfen, die zumindest aus Sicht mancher Schüler und Lehrkräfte als politisch unkorrekt gelten oder gar als ›menschenverachtend‹ oder ›diskriminierend‹ aus der Diskussion ausgeschlossen werden sollen (hierzu: Frick 2017). Es gilt auch deshalb abschließend daran zu erinnern, dass es in manchen Fällen nicht *Schülerinnen oder Schüler* sind, die die Zumutungen und Ambivalenzen einer demokratischen Streitkultur nicht ertragen, sondern *Lehrpersonen*, die den Klassenraum zur Durchsetzung von politischen Ansichten instrumentalisieren, die mit basalen politischen Grundwerten und -rechten nicht mehr zu vereinbaren sind.

Möglichkeiten und Grenzen dialogischer Demokratieerziehung

Mit der Diskussion kontroverser Themen im Unterricht werden hohe Erwartungen verbunden, die nur eingeschränkt praktisch eingelöst werden. Die Diskrepanz zwischen Zielvorgaben und Realität ist auf unterschiedliche Faktoren und Gründe zurückzuführen, die sich zumindest teilweise durch bildungspolitische Maßnahmen verändern lassen. Lehrer scheinen die Diskussion kontroverser Themen grundsätzlich zu befürworten (z. B. Byford/Lennon/Russell 2009), setzen dies jedoch – so der übliche Tenor in der internationalen Debatte – eher selten praktisch um (so z. B. der Überblick zur einschlägigen Forschung in: Pace 2015), was auch auf den Mangel an *Zeit* zurückzuführen sein mag, die für die Diskussion politisch relevanter Themen zur Verfügung steht. Für diesen Befund spricht z. B., dass in Nordrhein-Westfalen in der Sekundarstufe I, so das Ergebnis einer Studie, im Durchschnitt für die Vermittlung von Inhalten der politischen Bildung nur 17–20 Minuten pro Woche reserviert sind, so dass Schülern jeweils ganze 20 Sekunden für das Äußern einer politischen Meinung verbleiben (Gökbudak/Hedtke 2018). Zudem fühlen sich Lehrer häufig nicht hinreichend durch ihre Ausbildung auf die methodischen Probleme der Diskussion kontroverser Themen vorbereitet (Oulton et al. 2007). In Deutschland scheinen entsprechende Methoden auch eher selten verwendet zu werden (Achour/Wagner 2019). Dies kann auch auf die Dominanz des darbietenden, lehrerzentrierten Unterrichts und damit verbundene eingefahrene Kommunikationsgewohnheiten zurückzuführen sein (Stradling 1984; Reinhardt 2019) und auf den generellen Mangel an Ressourcen, was die Möglichkeiten sehr stark einschränkt, eine demokratische Streitkultur in den Schulen aufzubauen und weiterzuentwickeln. Beim Fach Politische Bildung kommt das Problem des fachfremden Unterrichtens hinzu, was ebenfalls zu Überforderungen bei eher anspruchsvollen Unterrichtsformaten führen dürfte (Achour/Wagner 2019, S. 177).

Während in Nordrhein-Westfalen, so ein Ergebnis der vergleichenden internationalen ICCS-Studie, Schüler überdurchschnittlich häufig (im EU-Vergleich) berichten, dass sie politische Fragestellungen in den Unterricht einbringen und aktuelle politische Fragen diskutieren, werden sie im europäischen Vergleich am seltensten dazu aufgefordert, selbst Stellung zu beziehen und eigene Ansichten zu artikulieren, was angesichts des hohen Stellenwerts des Kontroversitätsgebots in Deutschland eher verwundern mag (Deimel/Hahn-Laudenberg 2017). Die tradierte Kritik, Schulen seien strukturell darauf ausgelegt, Konformität zu erzeugen und Dissens zu unterdrücken, statt als Orte einer offenen Debatte und Deliberation zu fungieren, scheint jedoch für den deutschsprachigen Raum nicht bestätigt werden zu können, wo das Klassenklima aus Schülersicht häufig als recht offen empfunden wird (Achour/Wagner 2019). Die Forschungslage ist daher auf weitere Klärungen angewiesen. Diese sollten in Zukunft vor allem auf die Überbrückung des »normative-empirical divide« (Gronostay 2019) ausgerichtet sein, indem Diskussionen über Kontroversitätsgebote den Ausgangspunkt liefern für theoriegeleitete empirische Forschung zu der Frage, wie Lehrer – auch im internationalen Vergleich – tatsächlich mit kontroversen Themen in unterschiedlichen soziopolitischen Kontexten umgehen, wie sie dies begründen und welche Rolle dabei unterschiedliche Konzeptionen von Demokratieerziehung spielen. Abgesehen von diesen Forschungsdesideraten kann man im Rekurs auf die oben genannten Leitlinien eines gelingenden Umgangs mit Kontroversen im Unterricht einige bildungspolitische Desiderate formulieren.

Bildungspolitische Desiderate

- Erstens spricht vieles dafür, dass auf curricularer Ebene und in der Unterrichtsinteraktion mehr Zeit und Platz geschaffen werden sollte für die Umsetzung dialogischer Formate. Dies ist nicht zu trennen von der Gewährung von gewissen Freiräumen, die

Lehrkräfte – innerhalb der Einschränkungen, die durch das epistemisch und politisch begründete Kontroversitätsgebot vorgegeben sind – brauchen, um professionell mit den damit verbundenen Aufgaben und Herausforderungen umgehen zu können. Dies muss nicht notwendig mit mehr oder minder revolutionären Postulaten einer expansiven Demokratisierung und Symmetrisierung pädagogischer Beziehungen oder mit Forderungen nach möglichst umfangreicher demokratischer Mitbestimmung für Schüler begründet werden. Es reicht aus, auf die insgesamt positiven Effekte von Unterrichtsdiskussionen auf die Ziele von Demokratieerziehung zu verweisen, die es in Zukunft besser und häufiger zu nutzen gilt.
- Zweitens sollte die Lehrerausbildung intensiver auf solche Formate vorbereiten (Pace 2015; 2019; 2021). Insbesondere kasuistische Verfahren eignen sich dafür, pädagogische Urteilsfähigkeit einzuüben (Levinson/Fay 2018). Darüber hinaus sollten Demokratieerziehung und demokratische Bildung grundsätzlich – unabhängig vom Fach – Bestandteil der Ausbildung aller Lehrkräfte sein (Bundesministerium für Familie, Senioren, Frauen und Jugend 2020).
- Drittens sollte die Kritik ernst genommen werden, dass öffentliche Schulen selbst Anteil haben an der Reproduktion undemokratischer Einstellungsmuster und gesellschaftlicher Ungleichheit. Es sollte zu denken geben, dass in keinem anderen europäischen Land – außer Bulgarien – das politische Wissen und die Argumentationsfähigkeit von Schülern so stark

von der familiären Herkunft abzuhängen scheinen wie in Deutschland (Abs/Hahn-Laudenberg 2017).

- Die Kontroverse über den angemessenen Umgang mit Kontroversen sollte – so ein viertes und letztes bildungspolitisches Desiderat – in der öffentlichen Debatte fortgeführt werden. Der Fokus sollte dabei nicht nur wie üblich auf die klassischen Streitpunkte gelegt werden (Redefreiheit, Umgang mit Extremismus und Populismus etc.), sondern vor allem auch auf die Frage, wie man Lehrpersonen im pädagogischen Alltag unterstützen kann, um zum Gelingen der Praxis dialogischer Demokratieerziehung beizutragen.

2.2 Beispielfälle

Im Folgenden werden drei Fälle diskutiert, die jeweils spezifische Probleme im Umgang mit kontroversen Themen im Unterricht beschreiben und zugleich als Testfälle für den erarbeiteten Orientierungsrahmen dienen. Die Wahl der Beispiele ist begründet durch ihre gesellschaftspolitische Relevanz, die sich nicht zuletzt darin äußert, dass sie in den Öffentlichkeiten liberaler Demokratien kontinuierlich Gegenstand von teilweise hitzig geführten Kontroversen über die Einrichtung und Deutung der politischen und pädagogischen Welt sind.

Klimawandel

Kaum ein Thema hat die öffentliche Debatte der letzten Jahre – zumindest vor der Covid-19-Pandemie – so sehr bewegt wie der Klimawandel. Dies ist weniger auf neue wissenschaftliche Erkenntnisse zurückzuführen als auf eine gesteigerte öffentliche und politische Aufmerksamkeit für Zusammenhänge, über die man schon seit Jahrzehnten Bescheid weiß. Eine zentrale Rolle hat hierbei sicherlich die Bewegung *Fridays for Future* gespielt, die gezeigt hat, dass Kinder und Jugendliche als politische Akteure ernst zu nehmen sind und dass Ideen und Ideale wirkmächtig zur Transformation etablierter politischer Diskursverhältnisse beitragen können. Angesichts des moralischen Nachdrucks und der medialen Dringlichkeit, mit der Problemdiagnosen und -therapien in Sachen Klimawandel propagiert werden, scheint sich eine genuin offene Kontroverse hier *prima vista* zu erübrigen, ja geradezu zu verbieten.

Dieser Eindruck trügt jedoch. Es besteht zwar ein weitgehender Konsens unter wissenschaftlichen Experten, dass anthropogener Klimawandel existiert und dass dieser trotz Dissenses in Detailfragen in jedem Fall mit immensen Folgekosten verbunden sein wird, sofern nichts getan wird. Was aber hieraus aus politischer Sicht konkret gefolgert werden sollte, bleibt legitimerweise umstritten. Anders formuliert: Das grundsätzliche Faktum des Klimawandels sollte aus Sicht des Kriteriums der Wissenschaftsorientierung auch dann keinen Anlass für eine offene Kontroverse liefern, wenn Teile der Bevölkerung diesen Expertenkonsens ignorieren, wie dies z. B. in den USA der Fall ist. Es gilt vielmehr darüber aufzuklären, aus welchen Gründen es zu entsprechenden Fehlwahrnehmungen kommt und welche diskurspolitischen Strategien zu ihrer Propagierung genutzt werden, z. B. durch von interessierter Seite finanzierte Verbände und Institute, deren Forschungsergebnissen samt Bewertungen und Empfehlungen dank massiver Propaganda große öffentliche Aufmerksamkeit zuteil wird. So wie sich aber aus Tatsachen nicht auf Werte und Normen schließen lässt (sog. Sein-Sollen-Fehlschluss), so erübrigt der Verweis auf die Ergebnisse der Wissenschaft noch nicht eine politische Debatte darüber, welche politischen Bewertungen und konkreten praktischen Folgerungen damit zu verbinden sind. Man kann aus guten Gründen davon überzeugt sein, dass nur ein fundamentaler Wandel der Lebensführung im Verbund mit einer radikalen Änderung gesellschaftlicher Strukturen in einer solchen Krise Abhilfe schaffen kann. In einer liberalen Demokratie müssen diese Vorschläge in einer kritischen Öffentlichkeit diskutiert und demokratisch legitimiert werden; sie dürfen nicht einfach mit Verweis auf vermeintliche Alternativlosigkeit verordnet und durchgesetzt werden.

Aus dem politischen Kriterium lässt sich daher nicht die eine richtige klimapolitische Lösung ableiten, es ist durchaus kompatibel mit einem breiten Spektrum von denkbaren Positionen und Kontroversen z. B. über die Priorisierung klimapolitischer Ziele gegenüber anderen Zielen, über Fragen des ethischen Konsums, der intergenerationalen und globalen Gerechtigkeit bis hin zur Kapitalismuskritik, über die man legitimerweise unterschiedlicher Meinung sein kann.

Dass die Differenz zwischen wissenschaftlicher Diagnose und politischen Therapievorschlägen häufig in der öffentlichen Debatte verwischt wird, mag unterschiedliche Gründe haben. Verweisen kann man auf die entpolitisierte Sehnsucht nach Eindeutigkeit dank der Autorität von Wissenschaft, auf Tendenzen zur Moralisierung der politischen Debatte und auf die weit verbreitete Nutzung von stark wertenden, aber nicht hinreichend geklärten ›dichten‹ Begriffen (Müller-Salo 2020). Dies erschwert eine differenzierte Debatte, die der Komplexität des Gegenstands angemessen ist, und die es auch im Unterricht anzustreben gilt. Dies bedeutet aber auch, dass pädagogische Programmatiken, die z. B. mit einer Erziehung zur Nachhaltigkeit auf den Klimawandel reagieren, diese Kontroversen nicht ausklammern dürfen. In liberalen Demokratien rechtfertigungsbedürftige Leitvorgaben (Schinkel 2009) müssen die Pluralität von legitimen Sichtweisen auf das gute Leben und angemessene Politik respektieren und in der Unterrichtspraxis berücksichtigen. Bei aller Plausibilität der Propagierung von nachhaltigen Formen der Lebensführung (z. B. als frugale, weniger konsumorientierte Lebensweise, als Gegenmittel gegen die omnipräsenten Vorgaben einer kapitalistischen Konsumkultur: Zwarthoed 2015) und trotz aller Frustration über die Fallhöhe zwischen umweltbewussten Einstellungen und tatsächlichem politischem Verhalten (Niebert 2019) dürfen solche Transformationsambitionen auch dann nicht pädagogisch verordnet werden, wenn man als Lehrperson zutiefst davon überzeugt ist, dass sie die einzig wahre und richtige Lebensweise repräsentieren.

Dies gilt auch deshalb, weil entsprechende, häufig in spezifischen Milieus verankerte Sichtweisen mit Strategien sozialer Distinktion einhergehen können, die in gesellschaftlichen Machtverhältnissen verankerte Ungleichheiten und Diskriminierungen stützen (Neckel 2018) und schon deshalb in Unterrichtsdiskussionen über die sozialen Folgen des Klimawandels berücksichtigt werden sollten.

Verschwörungstheorien

Verschwörungstheorien sind insbesondere seit der Covid-19-Pandemie zu einem Thema geworden, das kontinuierlich in öffentlichen Debatten präsent ist. Sie gewinnen, so der Tenor aktueller Zeitdiagnosen in Wissenschaft und Öffentlichkeit, in Zeiten gesellschaftlicher Verunsicherung an Attraktivität, da sie in einer zunehmend als unübersichtlich wahrgenommenen gesellschaftlichen Lage relativ einfach strukturierte, Halt, Sinn und Orientierung stiftende Welt- und Selbstdeutungsschablonen anbieten. Die große Verbreitung verschwörungstheoretischen Denkens in der Bevölkerung (Butter 2018; Rees/Lamberty 2019) macht es sehr wahrscheinlich, dass Lehrkräfte früher oder später im Unterricht damit konfrontiert werden. Nun steht es außer Frage, dass es eine Reihe von öffentlichen und wissenschaftlichen Kontroversen über Verschwörungstheorien gibt. Sollte man sie deshalb auch im Unterricht als kontroverse Themen diskutieren, d. h. mit offenem Ausgang und als grundsätzlich legitime und angemessene Sichtweisen unter anderen?

Zunächst möchte ich darauf hinweisen, dass ein Problem des angemessenen Umgangs mit Verschwörungstheorien darin besteht, dass – auch wenn die meisten sicherlich als falsch gelten können (Pfister 2020, S. 77) – manche von ihnen zutreffen – etwa die Watergate- oder die Snowden-Enthüllungen – und es auch nicht an historischen und aktuellen Beispielen mangelt, in denen die Zuschreibung ›Verschwörungstheorie‹ selbst mit politischer Motivation genutzt wurde, um von realen Verschwörungen abzulenken (z. B. in der Dreyfus-Affäre). Aus einer deskriptiv-analytischen Perspektive kann man eine Verschwörungstheorie qualifizieren »als den Versuch, *ein Ereignis oder eine Praxis durch den Verweis auf die Machenschaften mächtiger Personen zu erklären, die es außerdem geschafft haben, ihre Rolle zu verbergen*«.[46] Solche Erklärungen gehen in der Regel (nicht immer) einher mit vagen Referenzen auf ›böswillige Akteure‹ und damit verbundenen Freund-Feind-Schemata (etwa: ›böse Eliten‹ vs. das ›gute Volk‹) und mit soziologisch wenig plausiblen Annahmen über Formen der Intentionalität, Autorschaft und Planung, die komplexen historischen und gesellschaftlichen Prozessen unterlegt werden, wodurch die Rolle von Zufällen, unerwünschten Nebeneffekten und Kontingenzen ausgeblendet wird (Popper 2003).

Zu den Streitpunkten bei der Bewertung von Verschwörungstheorien gehört die Frage, ob es sich hierbei überhaupt um Theorien oder nicht vielmehr um pseudowissenschaftliche Ideologien bzw. Mythen handelt. Auch wenn sich die Beantwortung dieser Frage aus wissenschaftstheoretischer Sicht als schwieriger erweist als man vermuten könnte (hierzu: Hepfer 2015), so steht doch außer Frage, dass man in den meisten Fällen ›Verschwörungstheorien‹

46 »[A] conspiracy theory can be generally counted as such if it is an effort *to explain some event or practice by reference to the machinations of powerful people, who have also managed to conceal their role*« (Sunstein/Vermeule 2013, S. 205; Hervorh. i. O., Übers.: J. D.)

nicht mit dem Attribut ›wissenschaftliche Theorie‹ nobilitieren kann. Sie beruhen in der Regel auf hochgradig spekulativen Annahmen über die politische Welt und werden vorgebracht von Laien, die häufig keinerlei akademische Qualifikation im jeweils betroffenen wissenschaftlichen Feld haben (Cassam 2019). Verschwörungstheoretiker verstehen sich selbst häufig als Teil einer kritischen Avantgarde, die Kritik dann in der Regel jedoch sehr selektiv und unkritisch betreibt: Man glaubt den bisherigen Autoritäten nicht mehr, dafür aber umso bereitwilliger x-beliebigen Quellen aus dem Internet. Durch die asymmetrische, extrem selektive Berücksichtigung von angeblichen oder tatsächlichen Beweisen für und wider die Theorie (sog. *confirmation bias*) immunisieren sie sich gegen Kritik, was auch die Diskussionen mit ihnen dann regelmäßig zu einer eher frustrierenden Angelegenheit macht.

Grundbausteine verschwörungstheoretischen Denkens weisen zudem starke strukturelle Affinitäten und funktionale Passungen zu extremistischen Weltbildern auf und bilden Grundelemente extremistischer politischer Ideologien. Deren umfassende Deutungs- und Wahrheitsansprüche und mit Hilfe von Freund-Feind-Schemata hermetisch gegen Infragestellung immunisierte Weltbilder fungieren als Mittel zur Diskriminierung und Dämonisierung bestimmter Gruppen und zur Rechtfertigung von Intoleranz und Gewalt. Die Bereitschaft, Verschwörungstheorien zu übernehmen, geht so häufig einher mit politischem Extremismus von links und rechts (Van Prooijen / Krouwel / Pollet 2015) und Populismus (Elitenkritik etc.) und kann als ›Radikalisierungsmultiplikator‹ wirken (Van Prooijen 2018). Die Bereitschaft, Verschwörungstheorien zu übernehmen, scheint darüber hinaus *auch* mit Bildungsdefiziten zu korrelieren (mangelnde Fähigkeit zu analytischem Denken; Van Prooijen 2017). Doch sollte man mit entsprechenden Generalisierungen vorsichtig sein. Man kann zumindest festhalten – wenn man konkrete Inhalte von Verschwörungstheorien berücksichtigt –, dass sich in der Bereitschaft, entsprechende Vorgaben zu glauben und zu verbreiten, in vielen Fällen nolens volens immer ein *domänenspezifischer* Mangel an Bildung ausdrückt. Wer an Pläne einer jüdischen Weltverschwörung oder einen Bevölkerungsaustausch glaubt, zeigt gerade damit, dass er oder sie die entsprechenden Interpretationen gesellschaftlicher Zusammenhänge nicht angemessen durchdacht und kritisch geprüft hat.

Es spricht daher einiges dafür, dass Verschwörungstheorien sich aus Sicht des wissenschaftsbezogenen und politischen Kriteriums *in der Regel nicht* als Gegenstand einer *offenen* Kontroverse im Unterricht eignen. Sie können höchstens als Ausgangspunkt für eine hinreichend differenzierte und fundierte Debatte über politisch relevante Fragen genutzt werden, auf die sie selbst einfach gestrickte und unterkomplexe Antworten liefern, die in den meisten Fällen als wissenschaftlich unhaltbar und als politisch fragwürdig gelten können. Außerdem tendieren ihre Vertreter dazu, die epistemischen und politischen Grundlagen einer auf intersubjektiv nachvollziehbaren Gründen basierenden Debatte zu unterminieren, indem sie die von ihnen verbreiteten ideologischen Vorstellungswelten gegen Kritik immunisieren. Daher wird es nur selten pädagogisch sinnvoll sein, sich *mit* Verschwörungstheoretikern auf eine Kontroverse einzulassen. Man kann natürlich versuchen, verschwörungstheoretische Vorstellungswelten zu irritieren, indem man auf interne Widersprüche und Begründungsschwächen aufmerksam macht und sie mit wissenschaftlicher Expertise zu dem Thema konfrontiert. Das kann aber zum entgegengesetzten Effekt führen, da sich Verschwörungstheoretiker durch Kritik oftmals in ihrer Auffassung bestärkt fühlen (sog. ›Backfire-Effekt‹) bzw. diese als Ausdruck des umfassenden Verblendungszusammenhangs deuten, von dem sie annehmen, dass sie ihn durchschauen. Im Kontext von Demokratieerziehung gilt es daher vor allem distanziert *über* Verschwörungstheorien zu diskutieren, indem man über die Mechanismen, Eigenheiten und Motive verschwörungstheoretischen Denkens aufklärt (etwa Ängste vor Kontrollverlust), wiederkehrende Strickmuster dieser Theorien rekonstruiert (Wie baue ich eine Verschwörungstheorie?), diese historisch und mit Bezug auf ihre ideologischen Funktionen einordnet (etwa gegenwärtig wiederaufbereitete, jahrhundertealte Mythen von Kinderblut trinkenden Eliten) und alternative Perspektiven und gegebenenfalls auch optimistischere Alternativerzählungen gegen oftmals düstere und angstbeladene verschwörungstheoretische Gesellschafts- und Weltbilder vorbringt. Man kann dann hoffen, dass Schüler lernen, solche ›Theorien‹ bzw. Mythen und Ideologien kritisch und reflektiert einzuordnen und auf eine Art mit ihnen umzugehen, die ihrer eingeschränkten epistemischen und politischen Dignität angemessen ist.

Seit der Ermordung des Lehrers Samuel Paty Ende Oktober 2020 durch einen islamistischen Fanatiker in einem Vorort von Paris sind Fragen im Spannungsfeld zwischen Meinungsfreiheit und als beleidigend bzw. blasphemisch empfundenen Formen der Religionskritik erneut auf besonders dramatische und tragische Weise in den Fokus der öffentlichen Aufmerksamkeit gerückt. Paty hatte am Beispiel der Mohammed-Karikaturen, die schon Anlass des Anschlags auf die Redaktion von *Charlie Hebdo* waren, im Unterricht Probleme im Umgang mit der Meinungsfreiheit diskutiert und in diesem Rahmen auch die Karikaturen gezeigt. Sein Beispiel zeigt, wie viel Risiken Lehrkräfte eingehen und wie viel Mut sie in manchen gesellschaftlichen Sektoren aufbringen müssen, wenn sie kontroverse Themen zur Diskussion stellen und die Freiheit verteidigen, auch über die Meinungsfreiheit zu diskutieren. Allein das Faktum, dass es in manchen Kontexten kaum möglich ist, religionsbezogene Themen angstfrei zu artikulieren, ist als Skandal zu werten und kennzeichnet Zustände, die in liberalen Demokratien nicht zu tolerieren sind. Lehrkräfte müssen im Rahmen der Ausübung ihrer professionellen Tätigkeit die Freiheit haben, kontroverse gesellschaftspolitische Themen aufzugreifen. Sie sind bei der Ausübung dieser Freiheit selbstverständlich auch vor Angriffen jedweder Art zu schützen (Zimmermann/Robertson 2017), was in der Praxis schwierig ist, da die zugrundeliegenden *gesellschaftspolitischen Probleme* weder allein noch vorrangig von Schulen bearbeitet werden können. Patys Entscheidung, den Primat der Meinungsfreiheit zu verteidigen, deckt sich mit dem hier vertretenen Orientierungsrahmen für den Umgang mit kontroversen Themen. Damit sind jedoch Anschlussfragen verbunden, die im Folgenden – unabhängig von Patys Fall – zu diskutieren sind.

Aus Sicht des politischen Kriteriums darf es genauso wenig eine offene Kontroverse darüber geben, ob Meinungsfreiheit ein grundsätzlich zu schützendes Gut ist oder nicht, wie über die Frage, ob Religionskritik – auch in satirischer Form – grundsätzlich erlaubt ist oder nicht. So wie *alle* antidemokratischen und illiberalen Einstellungen und Sichtweisen im Unterricht mit gleichem Maß zu bewerten sind, d. h. unabhängig davon, wie sie doktrinär begründet und von wem sie vorgebracht werden, so haben *alle* Schüler zu akzeptieren, dass die Grundwerte liberaler Demokratien nicht zur Disposition stehen und dass Konflikte im Modus rationaler Argumentation und nicht durch Gewalt auszutragen sind. Sie haben genauso zu akzeptieren, dass diese Grundwerte eine reflexive Selbstbegrenzung zwischen persönlichen Glaubensüberzeugungen und allgemeinverbindlichen demokratisch-liberalen Grundregeln (Graf 2013) erfordern und dass ihre persönlichen religiösen Befindlichkeiten letztlich ihre Privatsache sind. Man soll ihnen zuhören, und sie dürfen ihre Befindlichkeiten artikulieren und ihre Bedenken zum Ausdruck bringen, sind aber nicht befugt, deshalb die Freiheiten anderer zu beschränken. Sie müssen lernen, dass Kritik an religiösen Doktrinen und Institutionen grundsätzlich legitim und nicht gleichzusetzen ist mit dezidierter Abwertung von Anhängern einer Religion. Kritik aber per se als Angriff auf die eigene Identität zu werten und reflexartig zum Anlass zu nehmen, sich beleidigt zu fühlen, statt sich an der Diskussion mit

Argumenten zu beteiligen, ist mit einer demokratischen Streitkultur nicht zu vereinbaren.

Der Geltungsbereich des wissenschaftsbezogenen Kriteriums bezieht sich auf politisch relevante Fragen, was nicht heißt, dass private Glaubensüberzeugungen – welche sich zumindest in Teilen rational diskutieren lassen (Garton Ash 2016) – sich schon deshalb jeder kritischen Prüfung entziehen sollten, weil sie privat sind. Schüler als Personen zu respektieren impliziert nicht, dass man ihre Überzeugungen in der Kontroverse nicht kritisieren darf. Es bedeutet aber auch nicht, dass Schüler ihre religiösen Überzeugungen zugunsten eines rationalistischen Weltbilds aufgeben müssen. Stattdessen gilt es sie dazu in die Lage zu versetzen, sich kritisch mit tradierten Überzeugungen und doktrinär gebundenen Identitätsfixierungen auseinanderzusetzen, auch in Glaubensangelegenheiten.

Aus diesen Überlegungen folgt selbstverständlich nicht, dass es hinsichtlich der normativen Funktionen und der Grenzen der Meinungsfreiheit keine Abwägungsfragen zu berücksichtigen gilt, z. B. Schutz von Minderheiten. Diese können Anlass geben für offene Kontroversen (Ben-Porath 2017) im Unterricht, auch über den angemessenen Umgang mit Kontroversen im Unterricht. Aus ihnen folgt außerdem nicht, dass man bei der Art der Darstellung von Kontroversen im Klassenraum überhaupt nicht Rücksicht nehmen sollte auf die religiösen Befindlichkeiten von Schülern oder Eltern. So kann es in manchen Fällen durchaus pragmatische und pädagogische Gründe dafür geben, als beleidigend empfundene Inhalte zu meiden, indem man Schüler nicht direkt mit einem Thema konfrontiert (z. B. Mohammed-Karikaturen), sondern generell, historisch und vergleichend einführt in die Problematik von religiös motivierten Konflikten und die globale Lage von Meinungs- und Religionsfreiheit in Geschichte und Gegenwart, ohne sich dabei auf eine *spezifische* Religion zu konzentrieren. Es macht daher wenig Sinn, die Mohammed-Karikaturen verpflichtend in Schulen zu thematisieren, wie in einer Petition gefordert wurde[47]. Genauso könnte man Buddha- oder Jesus-Karikaturen verwenden. Keine Religion kann für sich Vorwürfe der Intoleranz generell ausschließen, und alle Religionen müssen tolerieren, dass sie zum Gegenstand einer historisch-kritischen Aufklärung und Kritik gemacht werden. Gerade weil religiöse Intoleranz in vielen, wenn nicht den meisten Fällen mit einer gewissen bornierten Humorlosigkeit einhergeht (Drerup 2019d; nicht zuletzt in Form der allzumenschlichen Vorstellung, Gott habe keinen Humor und er oder sie sei nicht beleidigungsresistent), stellen Karikaturen hier ein legitimes, kontextsensibel einzusetzendes Mittel unter anderen dar, welches sich jedoch nicht selektiv auf den ›Islam‹ beschränken sollte. Dieser selektive Fokus wird – und teilweise zurecht – auch als Ausdruck von ›antimuslimischem Rassismus‹ gewertet, wobei dieser Begriff dann selbst wiederum von Fundamentalisten zur Abwehr jedweder, auch berechtigter Religionskritik genutzt wird. Für eine angemessene Bewertung religionskritischer Überlegungen ist natürlich relevant, wer, wann, in welchem Kontext, auf welche Art und Weise und mit welcher Intention

47 Die Petition findet sich unter: https://www.change.org/p/das-dilemma-der-mohammed-karikaturen-ein-pflichtthema-an-deutschen-schulen-das-dilemma-der-mohammed-karikaturen-ein-pflichtthema-an-deutschen-schulen.

Religionskritik betreibt. Gleichwohl ist es dennoch sachlich falsch und normativ fahrlässig zu behaupten, jede Kritik an Religion im Namen von liberalen Grundwerten sei eigentlich eine verkappte Form von (Kultur-)Rassismus oder Neoimperialismus (was im Übrigen selbst auf eine ›kulturrassistische‹ Beleidigung hinausläuft, aber in der Regel nicht als solche gewertet wird; hierzu: Frick 2017). Gleiches gilt für den im 21. Jahrhundert eher anachronistisch anmutenden Vorwurf der Blasphemie, mit dem Glaubenswelten gegen subjektiv empfundene Beleidigungen verteidigt und gegen Kritik immunisiert werden sollen (hierzu die Kritik von: Saint Victor 2017; Lacorne 2019). Die Möglichkeiten, sich beleidigt zu fühlen, sind schier unbegrenzt und genauso unbegrenzt sind die Möglichkeiten, reale oder konstruierte Kränkungen zur Durchsetzung von illiberalen Positionen in ideologiepolitischen Kulturkämpfen zu instrumentalisieren. Auch hierüber und über symbol- und machtpolitische Funktionen und Interessen im Rahmen von Kontroversen über Religion gilt es durch demokratische Erziehung aufzuklären. Um zu verhindern, dass Klassenräume zu Schauplätzen ideologiepolitischer Kulturkämpfe verkommen, sollten Lehrer religiös konnotierte Sensibilitäten berücksichtigen. Aber sie liefern in liberalen Demokratien keine Begründung dafür, Kontroversen über Religionen generell zu untersagen oder die Freiheit, sie zu kritisieren, einzuschränken.

2.3 Fazit

Die im letzten Kapitel diskutierten Beispielfälle verdeutlichen noch einmal die vielen Herausforderungen, Möglichkeiten und auch Risiken, die mit der diskursiven Auseinandersetzung mit kontroversen Themen im Unterricht verbunden sein können. Als eine zentrale Methode von Demokratieerziehung und demokratischer Bildung muss die Diskussion kontroverser Themen in den öffentlichen Schulen liberaler Demokratien stärker kultiviert werden, als es bis dato der Fall ist. Das bedeutet auch, dass die dafür notwendigen Rahmenbedingungen in und für Schulen und Lehrer verbessert werden müssen.

Zugleich gilt es die Kriterien zu klären, die genutzt werden können, um zwischen Themen zu unterscheiden, die im Unterricht als kontrovers oder nicht als kontrovers diskutiert werden sollten. Ein angemessener pädagogischer Umgang mit Kontroversen sollte – gemäß dem hier entwickelten Orientierungsrahmen – an zwei Kriterien orientiert sein, einem wissenschaftsbezogenen und einem politischen Kriterium, welche die Grundlage und die Grenzen einer förderungswürdigen pädagogischen und politischen Streitkultur definieren. Die damit in der Kontroverse über Kontroversitätsgebote vertretene Position grenzt sich ab von Sichtweisen, die davon ausgehen, dass letztlich alle Themen immer ›irgendwie‹ als kontrovers anzusehen sind. Diese propagieren Beliebigkeit oder radikale ›Offenheit‹ statt für nachvollziehbare und gehaltvolle Kriterien der Kontroversität zu argumentieren und Gründe dafür zu liefern, dass die propagierte Offenheit allein und uneingeschränkt wünschenswert, realisierbar und pädagogisch verantwortbar sein könnte.

Bei aller Skepsis gegenüber pädagogischer Offenheitsromantik muss man zugleich sehen, dass die Kontroverse über Kontroversitätsgebote selbst immer schon eingebettet ist in den gesellschaftspolitischen Streit um eine demokratische Streitkultur, dessen kontinuierliche und konstruktive Fortführung als Signum einer funktionierenden kritischen Öffentlichkeit in liberalen Demokratien gelten kann. Ein konstruktiver Streit über den konstruktiven Umgang mit Streit ist genauso Teil des demokratischen Ethos wie die Einsicht, dass man auch hier – wie bei allen wichtigen Fragen des Lebens – mit Dissens wird leben müssen.

Literaturhinweise

Abs, Hermann Josef / Hahn-Laudenberg, Katrin (Hrsg.) (2017): Das politische Mindset von 14-Jährigen. Ergebnisse der International Civic and Citizenship Education Study. Münster: Waxmann.

Achour, Sabine / Wagner, Susanne (2019): Wer hat, dem wird gegeben: Politische Bildung an Schulen. Berlin: Friedrich Ebert Stiftung.

Ahlheim, Klaus (2019): Beutelsbacher Konsens? Ulm: Klemm/Oelschläger.

Allen, Danielle (2004): Talking to strangers. Chicago/London: University of Chicago Press.

Andersson, Erik (2016): Producing and consuming the controversial – a social media perspective on political conversations in the social science classroom. In: Journal of Social Science Education, 15(1), S. 6–16.

Archard, David (2002): How should we teach sex? In: Journal of Philosophy of Education, 32(3), S. 437–450.

Arendt, Hannah (2006): Wahrheit und Politik. In: Arendt, Hannah / Nanz, Patrizia: Wahrheit und Politik. Berlin: Wagenbach. S. 7–62.

Bailey, Charles (1975): Neutrality and rationality in teaching. In: Bridges, David / Scrimshaw, Peter (Hrsg.): Values and authority in schools. London: Hodder and Stoughton. S. 121–134.

Balint, Peter (2017): Respecting toleration. Oxford: Oxford University Press.

Barp, Christine / Engartner, Tim (2019): Haltung statt Zurückhaltung. In: Blätter für deutsche und internationale Politik, 12, S. 11–14.

Bauer, Thomas (2018): Die Vereindeutigung der Welt. Stuttgart: Reclam.

Baumert, Jürgen (2002): Deutschland im internationalen Bildungsvergleich. In: Killius, Nelson / Kluge, Jürgen / Reisch, Linda (Hrsg.): Die Zukunft der Bildung. Frankfurt a. M.: Suhrkamp. S. 100–150.

Benner, Dietrich (1987): Allgemeine Pädagogik. Weinheim/München: Juventa.

Benner, Dietrich (2002): Die Struktur der Allgemeinbildung im Kerncurriculum moderner Bildungssysteme. In: Zeitschrift für Pädagogik, 48(1), S. 68–90.
Ben-Porath, Sigal (2017): Free speech on campus. Philadelphia: University of Pennsylvania Press.
Besand, Anja (2020): Zum Umgang mit Rechtspopulismus in der Institution Schule. In: Aus Politik und Zeitgeschichte [APuZ], 70(14–15), S. 4–9.
Biskamp, Floris (2017): Im Zwischenraum von Repression und Anerkennung. In: Milbradt, Björn / Biskamp, Floris / Albrecht, Yvonne / Kiepe, Lukas (Hrsg.): Ruck nach rechts? Opladen [et al.]: Barbara Budrich. S. 153–172.
Brennan, Jason (2017): Gegen Demokratie. Berlin: Ullstein.
Brighouse, Harry (1998): Civic education and liberal legitimacy. In: Ethics, 108(4), S. 719–745.
Brighouse, Harry (2006): On education. New York: Routledge.
Brighouse, Harry (2007): Channel One, the anti-commercial principle, and the discontinuous ethos. In: Curren, Randall (Hrsg.): Philosophy of education. Malden [et al.]: Blackwell. S. 208–220.
Brumlik, Micha (2018): Demokratie und Bildung. Berlin: Neofelis.
Buchstein, Hubertus / Frech, Siegfried / Pohl, Kerstin (Hrsg.) (2016): Beutelsbacher Konsens und politische Kultur. Schwalbach i. Ts.: Wochenschau Verlag.
Bundesministerium für Familie, Senioren, Frauen und Jugend (2020): 16. Kinder- und Jugendbericht. www.bmfsfj.de/kinder-und-jugendbericht/gesamt (Stand 23. 12. 2020).
Burbules, Nicholas (1993): Dialogue in teaching. New York / London: Teachers College Press.
Butter, Michael (2018): »Nichts ist, wie es scheint«. Über Verschwörungstheorien. Berlin: Suhrkamp.
Byford, Jeff / Lennon, Sean / Russel, William (2009): Teaching controversial issues in the social studies: a research study of high school teachers. In: The Clearing House, 82(4), S. 165, 170.
Callan, Eamonn (2011): When to shut students up: civility, silencing and free speech. In: Theory and Research in Education, 9(1), S. 3–22.

Caruso, Marcelo / Schatz, Stefan Johann (2018): Politisch und bildend? Entstehung und Institutionalisierung politischer Bildung in Deutschland. In: APuZ, 68 (13–14), S. 4–11.
Cassam, Quassim (2019): Conspiracy theories. Cambridge: Polity Press.
Cheneval, Francis (2015): Demokratietheorien. Hamburg: Junius.
Cooling, Trevor (2012): What is a controversial issue? In: Journal of Beliefs & Values, 33(2), S. 169–181.
Costa, Sérgio (2020): Politische Bildung nach dem Rechtsruck in Brasilien. In: APuZ, 70(14–15), S. 41–45.
Cowan, Paula / Maitles, Henry (2012): Preface and framework. In: P. C. / H. M. (Hrsg.): Teaching controversial in the classroom. New York: Continuum. S. 1–9.
Culp, Julian (2019): Democratic education in a globalized world. New York / London: Routledge.
Däuble, Helmut (2016): Der fruchtbare Dissens um den Beutelsbacher Konsens. In: GWP – Gesellschaft. Wirtschaft. Politik, 4, S. 449–458.
Dearden, Robert (1981): Controversial issues and the curriculum. In: Journal of Curriculum Studies, 13(1), S. 37–44.
Deimel, Daniel / Hahn-Laudenberg, Katrin (2017): Schulische Lerngelegenheiten und Partizipationsmöglichkeiten. In: Abs, Hermann Josef / Hahn-Laudenberg, Katrin (2017) (Hrsg.): Das politische Mindset von 14-Jährigen. Münster: Waxmann. S. 256–278.
Detjen, Joachim (2017): Indoktrinationsverbot und Kontroversitätsgebot vor Beutelsbach. In: Frech, Siegfried / Richter, Dagmar (Hrsg.): Der Beutelsbacher Konsens. Schwalbach i. Ts.: Wochenschau Verlag. S. 179–194.
Doney, Jonathan / Wegerif, Rupert (2017): Measuring open-mindedness. institute.global/sites/default/files/inline-files/Measuring%20Open-mindedness_29.06.17.pdf (Stand 14. 4. 2021).
Drerup, Johannes (2012): Rousseaus strukturierter Paternalismus und die Idee der wohlgeordneten Freiheit. In: Zeitschrift für Pädagogik, 58(5), S. 640–657.
Drerup, J. (2013): Paternalismus, Perfektionismus und die Grenzen der Freiheit. Paderborn [et al.]: Schöningh.

Drerup, Johannes (2016): Soziorelationale Autonomie, liberaler Individualismus und die Haltlosigkeit des modernen Selbst. In: Ricken, Norbert / Casale, Rita / Thompson, Christiane (Hrsg.): Die Sozialität der Individualisierung. Paderborn [et al.]: Schöningh, S. 127–160.

Drerup, Johannes (2018a): »Zwei und zwei macht vier.« Über Indoktrination und Erziehung. In: Diskurs Kindheits- und Jugendforschung, 1, S. 7–24.

Drerup, Johannes (2018b): Education for democratic tolerance, respect and the limits of political liberalism. In: Journal of Philosophy of Education, 52(3), S. 515–532.

Drerup, Johannes (2018c): Gefährliches Halbwissen. Zur Kritik liberaler Toleranzbegründungen. In: Zeitschrift für Pädagogik, 64(1), S. 88–98.

Drerup, Johannes (2019a): Politische Bildung und die Kontroverse über Kontroversitätsgebote. www.praefaktisch.de/bildung/%EF% BB%BFpolitische-bildung-und-die-kontroverse-ueber-kontroversitaetsgebote/#more-987 (Stand 14. 4. 2021).

Drerup, Johannes (2019b): Education, epistemic virtues, and the power of toleration. In: Critical Review of International Social and Political Philosophy. doi.org/10.1080/13698230.2019.1616883.

Drerup, Johannes (2019c): Sexualerziehung, staatliche Neutralität und der Wert der Vielfalt. In: Drerup, Johannes / Schweiger, Gottfried (Hrsg.): Handbuch Philosophie der Kindheit. Berlin: J. B. Metzler. S. 430–437.

Drerup, Johannes (2019d): Toleranz und Humor. In: Gödde, Günter / Zirfas, Jörg (Hrsg.): Kritische Lebenskunst. Berlin: Metzler. S. 425–432.

Drerup, Johannes (2020a): Demokratische Bildung in und für digitale Öffentlichkeiten. In: Binder, Ulrich / Drerup, Johannes (Hrsg.): Demokratieerziehung und die Bildung digitaler Öffentlichkeiten. Wiesbaden: Springer VS. S. 29–53.

Drerup, Johannes (2020b): Erziehung, Intoleranz und die Politik der Angst. Zum pädagogischen Umgang mit politischen Emotionen. In: Fischer, Christian / Platzbecker, Paul (Hrsg.): Erziehung – Werte – Haltungen. Münster: Waxmann. S. 39–58.

Drerup, Johannes (2020c): Rezension von: Culp, Julian (2019): Democratic education in a globalized world. Oxford /New York: Routledge. In: Zeitschrift für philosophische Forschung, 74(1), S. 163–167.

Drerup, Johannes (2020d): Verschwörungsmythen, politische Bildung und die Covid-19-Pandemie. In: J. D. / Schweiger, Gottfried (Hrsg.): Philosophische Reflexionsangebote zur Covid-19-Pandemie. Darmstadt: Wissenschaftlichen Buchgesellschaft. S. 77–85.

Drerup, Johannes (2021): Demokratieerziehung und die Kontroverse über Kontroversitätsgebote. [Erscheint in: Zeitschrift für Pädagogik, 67(4).]

Drerup, Johannes / Kauppi, Veli-Mikko (2021): Discussion and inquiry: a Deweyan perspective on teaching controversial issues. [Unveröffentlichtes Manuskript.]

Drerup, Johannes / Yacek, Douglas (2020): Demokratische Bildung und die Grenzen des politischen Streits. Anmerkungen zur Kontroverse über Kontroversitätsgebote. In: Journal für politische Bildung, 4, S. 18–23.

Engartner, Tim (2020): Politische Bildung als Verfassungsvoraussetzung. In: Der Staat, 59, S. 1–27.

Englund, Tomas (2006): Deliberative communication: a pragmatist proposal. In: Journal of Curriculum Studies, 38(5), S. 503–520.

Europarat (2015): Unterrichten kontroverser Themen. Strasbourg: Council of Europe.

Europarat (2018): Umgang mit Kontroversen. Strasbourg: Council of Europe.

Frech, Siegfried / Richter, Dagmar (2013): Politische Kompetenzen fördern. Schwalbach i. Ts.: Wochenschau Verlag.

Frech, Siegfried / Richter, Dagmar (2017): Einführung: Wie ist der Beutelsbacher Konsens heute zu verstehen? In: S. F. / D. R. (Hrsg.): Der Beutelsbacher Konsens. Schwalbach i. Ts.: Wochenschau Verlag. S. 9–20.

Frick, Marie-Luisa (2017): Zivilisiert streiten. Stuttgart: Reclam.

Frick, Marie-Luisa (2020): Streitkompetenz. In: APuZ, 12–13, S. 28–33.

Gagel, Walter (1996): Der Beutelsbacher Konsens als historisches

Ereignis. In: Schiele, Siegfried / Schneider, Herbert (Hrsg.): Reicht der Beutelsbacher Konsens? Schwalbach i. Ts.: Wochenschau Verlag. S. 14–28.

Garton Ash, Timothy (2016): Redefreiheit. Bonn: bpb.

Gebauer, Bernt (2016): Der Beutelsbacher Konsens im internationalen Kontext. In: Widmaier, Benedikt / Zorn, Peter (Hrsg.): Brauchen wir den Beutelsbacher Konsens? Bonn: bpb. S. 148–154.

Gebauer, Bernt (2018): »Free to speak – safe to learn« – democratic schools for all. In: Marks, Erich (Hrsg.): Gewalt und Radikalität. Dresden: Forum Verlag Godesberg. S. 239–251.

Giesinger, Johannes (2018a): The independence of education. In: On Education. Journal for Research and Debate, 1(1). www.oneducation.net/no-01-march-2018/the-independence-of-education (Stand 14. 4. 2021). doi.org/10.17899/on_ed.2018.1.4.

Giesinger, Johannes (2018b): Pflicht zum Gehorsam? Legitime Autorität in der Schule. In: Pädagogische Rundschau, 72(5), S. 609–620.

Giesinger, Johannes (2019): Zur Kontroverse um das Kontroversitätsgebot. Ein politisch-liberales Kriterium. www.praefaktisch.de/bildung/zur-kontroverse-um-das-kontroversitaetsgebot-ein-politisch-liberales-kriterium (Stand 15. 4. 2021).

Gökbudak, Mahir / Hedtke, Reinhold (2018): 17 Minuten Politik, 20 Sekunden Redezeit. pub.uni-bielefeld.de/record/2915174 (Stand 23. 12. 2020).

Graf, Friedrich Wilhelm (2013): Einleitung. In: Graf, Friedrich Wilhelm / Meier, Heinrich (Hrsg.): Politik und Religion. München: C. H. Beck. S. 7–45.

Grammes, Tilman (1996): Unterrichtsanalyse – ein Defizit der Fachdidaktik. In: Schiele, Siegfried / Schneider, Herbert (Hrsg.): Reicht der Beutelsbacher Konsens? Schwalbach i. Ts.: Wochenschau Verlag. S. 143–169.

Grammes, Tilman (1997): Kontroversität. In: Sander, Wolfgang (Hrsg.): Handbuch der politischen Bildung. Schwalbach i. Ts.: Wochenschau Verlag. S. 80–94. [1. Aufl.]

Grammes, Tilman (2014): Kontroversität. In: Sander, Wolfgang (Hrsg.): Handbuch der politischen Bildung. Schwalbach i. Ts.: Wochenschau Verlag, S. 266–274. [4. Aufl.]

Grammes, Tilman (2016): Ein pädagogischer Professionsstandard der politischen Bildung. In: Widmaier, Benedikt / Zorn, Peter (Hrsg.): Brauchen wir den Beutelsbacher Konsens? Bonn: bpb. S. 155–165.

Grammes, Tilman (2017): Inwiefern ist der Beutelsbacher Konsens Bestandteil der Theorie politischer Bildung? In: Frech, Siegfried / Richter, Dagmar (Hrsg.): Der Beutelsbacher Konsens. Schwalbach i. Ts.: Wochenschau Verlag. S. 69–86.

Gregory, Maughn (2014): The procedurally directive approach to teaching controversial issues. In: Educational Theory, 64(6), S. 627–648.

Gronostay, Dorothee (2019): Argumentative Lehr-Lern-Prozesse im Politikunterricht. Wiesbaden: Springer VS.

Gruschka, Andreas (2019): Erziehen heißt Verstehen lehren. Stuttgart: Reclam.

Günther, Klaus (2009): Diskurs. In: Brunkhorst, Hauke / Kreide, Regina / Lafont, Christina (Hrsg.): Habermas Handbuch. Stuttgart: Metzler. S. 303–306.

Gutmann, Amy / Thompson, Dennis (1996): Democracy and disagreement. Cambridge (Mass.): Harvard University Press.

Gutmann, Amy (1999): Democratic education. Princeton: Princeton University Press.

Habermas, Jürgen (1990): Strukturwandel der Öffentlichkeit. Frankfurt a. M.: Suhrkamp.

Habermas, Jürgen (2009): Sprachtheoretische Grundlegung der Soziologie. Frankfurt a. M.: Suhrkamp.

Hahn, Carole (1996): Research on issue-centred social studies. In: Ewans, Ronald / Saxe, David (Hrsg.): Handbook on teaching social issues. Washington: National Council for the Social Studies, S. 26–39.

Hand, Michael (2007): Should we teach homosexuality as a controversial issue? In: Theory and Research in Education, 4(1), S. 69–86.

Hand, Michael (2008): What should we teach as controversial? A defense of the epistemic criterion. In: Educational Theory, 58(2), S. 213–228.

Hand, Michael (2014): Religion, reason and non-directive teaching: a reply to Trevor Cooling. In: Journal of Beliefs & Values, 35(1), S. 79–85.

Hand, Michael / Levinson, Ralph (2012): Discussing controversial issues in the classroom. In: Educational Philosophy and Theory, 44(6), S. 615–629.

Hellmuth, Thomas (2017): Politische Bildung im Fächerverbund. Schwalbach i. Ts.: Wochenschau Verlag.

Henkenborg, Peter / Krieger, Anett / Pinseler, Jan / Behrens, Rico (2008): Politische Bildung in Ostdeutschland. Wiesbaden: Springer VS.

Hepfer, Karl (2015): Verschwörungstheorien. Bielefeld: transcript.

Herbst, Jan-Hendrik (2021): Kontroversität und Positionalität im konfessionellen Religionsunterricht. Religionspädagogische Perspektiven auf den Beutelsbacher Konsens. [Erscheint in: Drerup, Johannes / Yacek, Douglas / Zulaica y Mugica, Miguel (Hrsg.): Dürfen Lehrer ihre Meinung sagen? Stuttgart: Kohlhammer.]

Hess, Diana (2002): Discussing controversial public issues in secondary social studies classrooms: Learning from skilled teachers. In: Theory and Research in Social Education, 30(1), S. 10–41.

Hess, Diana (2004): Controversies about controversial issues in democratic education. In: Political Science & Politics, 37(2), S. 257–261.

Hess, Diana (2009): Controversy in the classroom: The democratic power of discussion. New York: Routledge.

Hess, Diana / McAvoy, Paula (2015): The Political Classroom. New York / London: Routledge.

Hilbrich, Ole (2019): Auf die demokratische Praxis kommt es an. Bemerkungen zur Streitkultur an Schulen als Antwort auf Johannes Drerup. www.praefaktisch.de/bildung/auf-die-demokratische-praxis-kommt-es-an-bemerkungen-zur-streitkultur-an-schulen-als-antwort-auf-johannes-drerup (Stand 23. 12. 2020).

Himmelmann, Gerhard (2017): Demokratie-Lernen in der Schule. Schwalbach i. Ts.: Wochenschau Verlag.

Honneth, Axel (2020): Die Armut unserer Freiheit. Berlin: Suhrkamp.
Humes, Walter (2012): Democracy, trust and respect. In: Cowan, Paula / Maitles, Henry (Hrsg.): Teaching controversial in the classroom. New York: Continuum. S. 13–23.
Imai, Yasuo (2017): (Un-)Zeigbarkeit der Realität als Aufgabe der Pädagogik. In: Wigger, Lothar / Platzer, Barbara / Bünger, Carsten (Hrsg.): Nach Fukushima – Zur erziehungs- und bildungstheoretischen Reflexion atomarer Katastrophen. Bad Heilbrunn: Klinkhardt. S. 54–78.
Juchler, Ingo (2014): Wissenschaftsorientierung. In: Sander, Wolfgang (Hrsg.): Handbuch der politischen Bildung. Schwalbach i. Ts.: Wochenschau Verlag. S. 284–292.
Kello, Katrin (2016): Sensitive and controversial issues in the classroom: teaching history in a divided society. In: Teachers and Teaching: theory and practice, 22(1), S. 35–53.
Kvernbekk, Tone (2012): Revisiting dialogues and monologues. In: Educational Philosophy and Theory, 44(9), S. 966–978.
Lacorne, Denis (2019): The limits of tolerance. New York: Columbia University Press.
Lafont, Christina (2020): Democracy without shortcuts. Oxford: Oxford University Press.
Lakoff, George / Johnson, Mark (2003): Metaphors we live by. London/Chicago: University of Chicago Press.
Landemore, Hélène / Page, Scott (2015): Deliberation and disagreement: problem solving, prediction, and positive dissensus. In: Politics, Philosophy & Economics, 14(3), S. 229–254.
Levinson, Meira / Reid, Ellis (2018): The Paradox of Partisanship. In: On Education. Journal for Research and Debate, 1 (1). doi.org/10.17899/on_ed.2018.1.3.
Levinson, Meira / Fay, Jacob (2019): Democratic discord in schools. Cambridge (Mass.): Harvard Education Press.
Levitsky, Steven / Ziblatt, Daniel (2018): How democracies die. New York: Broadway Books.
Manow, Philip (2020): (Ent-)Demokratisierung der Demokratie. Berlin: Suhrkamp.

Martin, Christopher (2016): Introduction: Discourse ethics and the educational possibilities of the public sphere. In: Educational Theory, 66(6), S. 687–690.
McIntyre, Lee (2018): Post-truth. Cambridge (Mass.): MIT Press.
Mercer, Neil / Wegerif, Rupert / Major, Louis (Hrsg.) (2020): The Routledge international handbook of research on dialogic education. London / New York: Routledge.
Merry, Michael (2020): Educational justice. Cham: Palgrave.
Müller, Jan Werner (2019): Furcht und Freiheit. Berlin: Suhrkamp.
Müller-Salo, Johannes (2020): Klima, Sprache und Moral. Stuttgart: Reclam.
Mulkay, Michael (1980): Interpretation and the use of rules: the case of the norms of science. In: Gieryn, Thomas (Hrsg.): Science and social structure. New York Academy of Sciences. S. 111–125.
Neckel, Sighard (2018): Soziale Grenzziehung im Zeichen von Nachhaltigkeit. In: S. N. [et al.] (Hrsg.): Die Gesellschaft der Nachhaltigkeit. Bielefeld: transcript. S. 59–76.
Niebert, Kai (2019): Effective sustainability education is political education. In: On Education. Journal for Research and Debate, 2(4). doi.org/10.17899/on_ed.2019.4.5.
Nussbaum, Martha (2011): Perfectionist liberalism and political liberalism. In: Philosophy and Public Affairs, 39(1), S. 3–45.
Oberle, Monika (2017): Wie politisch dürfen, wie politisch sollen Lehrkräfte sein? In: Frech, Siegfried / Richter, Dagmar (Hrsg.): Der Beutelsbacher Konsens. Schwalbach i. Ts.: Wochenschau Verlag. S. 114–127.
Oulton, Christopher / Day, Vanessa / Dillon, Justin / Grace, Marcus (2007): Controversial issues – teachers' attitudes and practices in the context of citizenship education. In: Oxford Review of Education, 30(4), S. 489–507.
Oulton, Christopher / Dillon, Justin / Grace, Marcus (2004): Reconceptualizing the teaching of controversial issues. In: International Journal of Social Science Education, 26(4), S. 411–423.
Osterwalder, Fritz (2011): Demokratie, Erziehung und Schule. Berlin [et al.]: Haupt.

Pace, Judith (2015): The charged classroom. New York / London: Routledge.
Pace, Judith (2019): Contained risk-taking: preparing preservice teachers to teach controversial issues in three countries. In: Theory and Research in Social Education, 47(2), S. 228–260.
Pace, Judith (2021): Hard Questions. Learning to teach controversial issues. Lanham [et al.]: Rowman/Littlefield.
Parker, Walter (2003): Teaching Democracy. New York: Teachers College Press.
Petrovic, John (2013): Reason, liberalism and democratic education: A Deweyan approach to teaching about homosexuality. In: Educational Theory, 63(5), S. 525, 541.
Pfister, Jonas (2020): Kritisches Denken. Stuttgart: Reclam.
Pöggeler, Franz (1985): Politik im Schulbuch. Bonn: bpb.
Pörksen, Bernhard / Schulz von Thun, Friedemann (2020): Die Kunst des Miteinander-Redens. Bonn: bpb.
Popper, Karl (2003): The open society and its enemies. Vol. 2: Hegel and Marx. New York: Routledge.
Radtke, Frank-Olaf (2012): Kulturen sprechen nicht. Bonn: bpb.
Rees, Jonas / Lamberty, Pia (2019): Mitreißende Wahrheiten: Verschwörungsmythen als Gefahr für den gesellschaftlichen Zusammenhalt. In: Zick, Andreas / Küpper, Beate / Berghan, Wilhelm (Hrsg.): Verlorene Mitte – Feindselige Zustände. Berlin: Friedrich Ebert Stiftung. S. 203–222.
Reichenbach, Roland (2000): »Es gibt Dinge, über die man sich einigen kann, und wichtige Dinge«. Zur pädagogischen Bedeutung des Dissenses. In: Zeitschrift für Pädagogik, 46(6), S. 795–807.
Reichenbach, Roland (2011): Pädagogische Autorität. Stuttgart: Kohlhammer.
Reichenbach, Roland (2017): Lernen im Kollektiv – Schule und Demokratie. In: Reichenbach, Roland / Bühler, Patrick (Hrsg.): Fragmente zu einer pädagogischen Theorie der Schule. Weinheim/Basel: Beltz. S. 196–207.
Reichenbach, Roland (2020a): Bildungsferne. Zürich: Diaphanes.
Reichenbach, Roland (2020b): Grenzen der interpersonalen Verständigung. Gießen: Psychosozial Verlag.

Reinhardt, Sibylle (2017): Wie politisch darf eine Politiklehrkraft sein? In: Achour, Sabine / Gill, Thomas (Hrsg.): Was politische Bildung alles sein kann. Schwalbach i. Ts.: Wochenschau Verlag. S. 105–114.

Reinhardt, Sibylle (2019): Politikdidaktik. Berlin: Cornelsen.

Rucker, Thomas (2021): Moderne Gesellschaft, nichtaffirmative Erziehung und das Problem der Kontroversität. In: Pädagogische Rundschau, 75(2), S. 135–156.

Samuelsson, Martin (2016): Education for deliberative democracy. In: Democracy & Education, 24(1), S. 1–9.

Saetra, Emil (2019): Teaching controversial issues: a pragmatic view of the criterion debate. In: Journal of Philosophy of Education, 53(2), S. 323–339.

Saetra, Emil (2020): Discussing controversial issues in the classroom: elements of good practice. In: Scandinavian Journal of Educational Research. doi.org/10.1080/00313831.2019.1705897.

Saint Victor, Jacques de (2017): Blasphemie. Bonn: bpb.

Schiele, Siegfried (1996b): Einleitung. In: Schiele, Siegfried / Schneider, Herbert (Hrsg.): Reicht der Beutelsbacher Konsens? Schwalbach i. Ts.: Wochenschau Verlag. S. 1–13.

Schiele, Siegfried / Schneider, Herbert (Hrsg.) (1977): Das Konsensproblem in der politischen Bildung. Stuttgart: Klett.

Schildt, Axel (2020): Medienintellektuelle in der Bundesrepublik. Göttingen: Wallstein.

Schinkel, Anders (2009): Justifying compulsory environmental education in liberal democracies. In: Journal of Philosophy of Education, 43(4), S. 507–526.

Schuitema, Jaap / Radstake, Hester / Van de pol, Janneke / Veuglers, Weil (2018): Guiding classroom discussions for democratic citizenship education. In: Educational studies, 44(4), S. 377–407.

Sen, Amartya (2005): The argumentative indian. London: Penguin.

Sen, Amartya (2006): Identity and violence. London: Penguin.

Spinner, Helmut (1985): Das »wissenschaftliche Ethos« als Sonderethik des Wissens. Tübingen: Mohr Siebeck.

Stenner, Karen / Haidt, Jonathan (2018): Authoritarianism is not a

momentary madness. In: Sunstein, Cass (Hrsg.): Can it happen here? New York: Dey Street Books. S. 175–219.
Stradling, Robert (1984): The teaching of controversial issues: an evaluation. In: Educational Review, 36(2), S. 121–129.
Sunstein, Cass / Vermeule, Adrian (2013): Conspiracy theories. In: The Journal of Political Philosophy, 17, S. 202–227.
Talisse, Robert (2019): Overdoing democracy. Oxford: Oxford University Press.
Tenorth, Heinz-Elmar (1994): »Alle alles zu lehren«. Möglichkeiten und Perspektiven allgemeiner Bildung. Darmstadt: Wissenschaftliche Buchgesellschaft.
Tenorth, Heinz-Elmar (2008): Unterwerfung und Beharrungskraft – Schule unter den Bedingungen deutscher Diktaturen. In: Schweizerische Zeitschrift für Bildungswissenschaft, 30(2), S. 275–297.
Tenorth, Heinz-Elmar (2019): Begründung der Schulpflicht. In: Drerup, Johannes / Schweiger, Gottfried (Hrsg.): Handbuch Philosophie der Kindheit. Berlin: Metzler. S. 419–429.
Tenorth, Heinz-Elmar (2020): Die Rede von Bildung. Berlin: Metzler.
Terkessidis, Mark (2019): Wessen Erinnerung zählt? Hamburg: Hoffmann und Campe.
Tillson, John (2017): When to teach for belief: A tempered defense of the epistemic criterion. In: Educational Theory, 67(2), S. 173–191.
Van Prooijen, Jan-Willem (2017): Why education predicts decreased belief in conspiracy theory. In: Applied Cognitive Psychology, 31, S. 50–58.
Van Prooijen, Jan-Willem (2018): The psychology of conspiracy theories. Oxford / New York: Routledge.
Van Prooijen, Jan-Willem / Krouwel, André / Pollet, Thomas (2015): Political extremism predicts belief in conspiracy theories. In: Social Psychological and Personality Science, 6, S. 570–578.
Verheyen, Nina (2010): Diskussionslust. Eine Kulturgeschichte des »besseren Arguments« in Westdeutschland. Göttingen: Vandenhoeck und Ruprecht.
Waldron, Jeremy (2004): Liberalism, political and comprehensive.

In: Gaus, Gerald / Kukathas, Chandran (Hrsg.): Handbook of political theory. London [et al.]: Sage. S. 89–99.
Warnick, Bryan / Smith, Spencer (2014): The controversy over controversies: a plea for flexibility and for »soft-directive« teaching. In: Educational Theory, 64(3), S. 227–244.
Wegerif, Rupert (2018). New technology and the apparent failure of democracy: an educational response. In: On Education. Journal for Research and Debate, 1 (1). doi.org/10.17899/on_ed.2018.1.7.
Wehling, Hans-Georg (1977): Konsens à la Beutelsbach? In: Schiele, Siegfried / Schneider, Herbert (Hrsg.): Das Konsensproblem in der politischen Bildung. Stuttgart: Klett. S. 173–184.
Weißeno, Georg (1996): »Was in Wissenschaft und Politik kontrovers ist, muß auch im Unterricht kontrovers dargestellt werden.« Probleme bei der Umsetzung dieser Forderung. In: Schiele, Siegfried / Schneider, Herbert (Hrsg.): Reicht der Beutelsbacher Konsens? Schwalbach i. Ts.: Wochenschau Verlag. S. 107–127.
Westphal, Manon (2018): Kritik- und Konfliktkompetenz. In: APuZ, 68(13–14), S. 12–17.
Widmaier, Benedikt / Zorn, Peter (2016): Konsens in der politischen Bildung? Zur Einführung. In: B. W. / P. Z. (Hrsg.): Brauchen wir den Beutelsbacher Konsens? Bonn: bpb. S. 9–13.
Wieland, Joachim (2019): Was man sagen darf: Mythos Neutralität in Schule und Unterricht. www.fes.de/themenportal-bildungspolitik/artikelseite-bildungspolitik/was-man-sagen-darf-mythos-neutralitaet-in-schule-und-unterricht (Stand 23. 12. 2020).
Wilson, Terri (2020): Contesting public education: opting out, dissent, and activism. In: Educational Theory, 70(3), S. 247–254.
Wojdon, Joanna (2014): History textbooks facing controversial issues – case study of the martial law in Poland. In: Yesterday & Today, 12, S. 75–89.
Wrase, Michael (2020): Wie politisch dürfen Lehrkräfte sein? In: APuZ, 70 (14–15), S. 10–15.
Yacek, Douglas (2018): Thinking controversially: the psychological condition for teaching controversial issues. In: Journal of Philosophy of Education, 52(1), S. 71–86.

Yacek, Douglas (2020): The criterion of disciplinary authenticity for teaching controversial issues. [Unveröffentlichtes Manuskript.]
Zimmermann, Jonathan / Robertson, Emily (2017): The case for contention. Chicago/London: University of Chicago Press.
Zwarthoed, Danielle (2015): Creating frugal citizens: the liberal egalitarian case for teaching frugality. In: Theory and Research in Education, 13(3), S. 286–307.

Danksagung

Für hilfreiche Hinweise und Diskussionen zum Thema danke ich Gesa Arnold, Nicole Balzer, Gunter Beetz, Christian Brüggemann, Harry Brighouse, Julian Culp, Randall Curren, Doret de Ruyter, Tilman Drerup, Tim Engartner, Bernt Gebauer, Michael Geiss, Johannes Giesinger, Thomas Goll, Dorothee Gronostay, Michael Hand, Philippe Heinzke, Ole Hilbrich, Jan-Hendrik Herbst, Phillip Knobloch, Wilko Korntheuer, Meira Levinson, Paula McAvoy, Michael Merry, Christian Quast, Roland Reichenbach, Thomas Rucker, Christoph Schickhardt, Gottfried Schweiger, Harvey Siegel, Krassimir Stojanov, Heinz-Elmar Tenorth, Christian Thein, André Voss, Rupert Wegerif, Benedikt Widmaier, Douglas Yacek und Miguel Zulaica y Mugica, sowie den Teilnehmern der Workshops und Konferenzen in Amsterdam, Chicago, Dortmund, Oxford und Paris, bei denen ich in den letzten Jahren Teile des Manuskripts vorgestellt habe. Für die freundliche und produktive Arbeitsatmosphäre und Unterstützung möchte ich außerdem meinen Kollegen und Kolleginnen an der TU Dortmund und der VU Amsterdam danken – insbesondere Thomas Schröder, Peter Kauder, Ulrike Mietzner, Ruprecht Mattig, Peter Vogel, Lothar Wigger, Uwe Uhlendorff, Gabriele Flösser, Anders Schinkel und Melanie Ehren.

Zum Autor

Johannes Drerup ist Professor für Allgemeine Erziehungswissenschaft an der TU Dortmund und Gastprofessor an der Freien Universität Amsterdam. Seine Forschungsschwerpunkte liegen u. a. in der Erziehungs- und Bildungstheorie, der Pädagogischen Ethik und der Theorie und Praxis von Demokratieerziehung und demokratischer Bildung.